| 事業者必携 | 入門図解 |

法人税・消費税のしくみと申告書の書き方

公認会計士・税理士
武田 守 [監修]

三修社

本書に関するお問い合わせについて

　本書の内容に関するお問い合わせは、お手数ですが、小社あてに郵便・ファックス・メールでお願いします。お電話でのお問い合わせはお受けしておりません。内容によっては、ご質問をお受けしてから回答をご送付するまでに1週間から2週間程度を要する場合があります。

　なお、個別の案件についてのご相談や監修者紹介の可否については回答をさせていただくことができません。あらかじめご了承ください。

はじめに

　令和の時代を迎え、我が国の税制は新しい制度や改正などが増えてより複雑化されています。会社をとりまく税金の代表的なものが法人税と消費税です。

　法人税は、所得税や消費税などと同様に国税であり、株式会社など会社の「利益」にかかる税金です。法人の利益とは、個人でいう所得税法上の「所得」にあたります。法人税も基本的には会社の「利益」に対して課税されますが、「企業会計上の利益＝法人税法上の利益」となるわけではありません。法人税法の所得は、企業会計上の利益に益金や損金といった法人税法上の調整を加えて、法人税の課税対象となる「所得」を求め、この「所得」に法人税が課税されることになっています。法人税法上の利益は、課税の公平や税収の確保という観点から計算するため、法人税法のルールを理解することが重要です。

　一方、消費税とは、売上などで預かった消費税から、仕入や経費で支払った消費税を引いた金額を国に納める税金です。消費税は、日常的に８％と10％の２種類の税率が混在する複数税率制度であり、また、様々な取引のパターンが考えられるため、いずれの税率が適用されるのかの見極めが必要となります。さらには、令和５年10月から適用されているインボイス制度という、新たな文書の作成・保存制度の運用についても理解しておく必要があります。

　本書は、法人税と消費税の計算のしくみや税務申告書の書き方などを解説した入門書です。また、税金を理解するために不可欠な企業会計や決算書の読み方などにもページを割いており、会計の初心者でもわかるように仕訳を極力用いないで説明の工夫をしています。令和６年度税制改正にも対応しています。

　本書をご活用いただき、皆様のお役に立てていただければ監修者として幸いです。

　　　　　　　　　　監修者　公認会計士・税理士　武田　守

Contents

はじめに

第1章　法人税と決算書のしくみ

1. 法人に課される主な税金について知っておこう　　10
2. 法人税とはどんな税金なのか　　12
   Q&A 法人税はどんな法令で定められていますか。また、実務を行う上では、何を参考にすればよいのでしょうか。　　16
3. 「収益」「費用」について知っておこう　　17
4. 決算書の内容を見ていこう　　19
5. 貸借対照表を見ていこう　　21
6. 「資産」「負債」「純資産」について知っておこう　　23
7. 損益計算書を見ていこう　　26
8. 貸借対照表の勘定科目について知っておこう　　30
9. 損益計算書の勘定科目について知っておこう　　33
10. 税務会計と企業会計について知っておこう　　36
11. 税務調整について知っておこう　　38

Column IFRSとはどんなルールなのか　　40

第2章　法人税の基本

1. 法人税と会社の利益の関係について知っておこう　　42
2. 5つの利益と儲けのしくみをつかもう　　45
   Q&A 会社が物を売った場合は「売上」になると考えてよいのでしょうか。　　48
3. 収益・費用の計上のタイミングを知っておこう　　49
   Q&A 収益や費用はどの時点で計上しますか。また、注意すべきケースなどがあれば教えてください。　　51

	Q&A 前払費用と短期前払費用の取扱いについて教えてください。	52
4	法人税の課税対象と税率について知っておこう	53
5	税額控除について知っておこう	55
6	特別償却・特別控除について知っておこう	57
7	欠損金の繰越控除について知っておこう	59
8	圧縮記帳について知っておこう	61
9	同族会社について知っておこう	63

第3章　法人税の収益・費用の中身

1	益金はどのように計算するのか	66
2	損金はどのように計算するのか	69
	Q&A 損金経理とはどのようなものなのでしょうか。	72
	Q&A 会社が支払った保険料は、法人税法上どのように取り扱われるのでしょうか。	73
	Q&A 通勤費や海外出張費用は法人税法ではどのように取り扱われるのでしょうか。	74
3	売上原価とはどのようなものなのか	75
4	棚卸資産（商品・在庫）の評価について知っておこう	77
5	有価証券の評価について知っておこう	79
6	受取配当等の益金不算入について知っておこう	81
7	減価償却について知っておこう	83
8	資本的支出と修繕費について知っておこう	86
9	減価償却の方法について知っておこう	88
10	耐用年数について知っておこう	94
11	リベートや広告宣伝、物流に関わる費用の取扱い	96

12	交際費になるものとならないものがある	99
13	寄附金になるものとならないものがある	102
14	研究・開発にかかる費用の取扱い	104
15	税金や賦課金などの取扱い	106
16	繰延資産について知っておこう	108
17	貸倒損失について知っておこう	110
18	引当金について知っておこう	116
19	役員報酬・賞与・退職金の処理はどのように行うのか	119

第4章 法人税の申告と申告書の作成

1	決算とはどのようなものなのか	122
2	決算整理について知っておこう	124
	Q&A 「中小企業の会計に関する指針」とは、どんな内容なのでしょうか。	129
3	法人税の申告書を作成する	130
4	必ず作成する別表について知っておこう	132
5	別表二を作成する	135
6	別表一を作成する	137
7	別表四・別表五（一）を作成する	139
8	別表五（二）を作成する	141
9	その他の別表を作成するケース	142
	書式1 法人税申告書 別表一	147
	書式2 別表一 次葉	148
	書式3 別表二	149
	書式4 別表四（簡易様式）	150

|書式5| 別表五（一） 151
|書式6| 別表五（二） 152
|書式7| 別表六（一） 153
|書式8| 別表十五 154
|書式9| 別表十六（二） 155
|書式10| 別表七（一） 156
|書式11| 別表十一（一） 157
|書式12| 別表三（一） 158
|書式13| 事業年度分の適用額明細書 159

10 申告手続きについて知っておこう 160

11 青色申告をするための手続きについて知っておこう 163
|書式14| 青色申告承認申請書 165

12 法人住民税について知っておこう 166

13 法人事業税について知っておこう 169
|書式15| 事業税・都民税申告書 172

第5章 消費税のしくみ

1 消費税とはどのような税金なのか 174
2 課税取引・非課税取引・不課税取引について知っておこう 176
3 納税事業者や課税期間について知っておこう 180
4 原則課税方式による消費税額の算定方法 184
5 インボイス制度について知っておこう 191
　|書式| 適格請求書発行事業者の登録申請書（国内事業者用） 197
6 簡易課税制度はどんなしくみになっているのか 199
7 税込経理方式と税抜経理方式の違いについて知っておこう 202
8 輸出や輸入取引の場合の取扱いについて知っておこう 204

9 消費税法上の特例について知っておこう	207

第6章　消費税の申告と申告書・届出書類の作成

1 消費税の申告・納付について知っておこう	214
2 申告書の作成の仕方	218
3 消費税の申告書を作成する（原則課税方式）	221
書式1　消費税申告書（原則課税方式）	230
4 消費税の申告書を作成する（簡易課税方式）	234
書式2　消費税申告書（簡易課税方式）	242
5 消費税の各種届出書	247
書式3　消費税課税事業者届出書（基準期間用）	251
書式4　消費税課税事業者届出書（特定期間用）	252
書式5　消費税簡易課税制度選択届出書	253
書式6　消費税課税事業者選択届出書	254
書式7　消費税の新設法人に該当する旨の届出書	255

第1章
法人税と決算書のしくみ

法人に課される主な税金について知っておこう

様々な種類の国税・地方税がかかる税率

● 法人税には法人税と地方法人税の2つがある

　まず、会社が納める国税で主なもの（法人税、消費税、源泉所得税、印紙税、登録免許税）を挙げてみましょう。会社を取り巻く税金の代表は、法人の所得（儲け）に対して課される法人税です。

　法人税の税率は、原則として23.2％となっています。ただし、これで算定した法人税額からさらに10.3％を掛けた地方法人税がかかるので、法人税と地方法人税を合わせると約25.59％の税率ということになります。なお、期末資本金が1億円以下で、資本金5億円以上の大法人に完全支配されていないような中小法人等については、特例として一部に軽減税率が適用されます。この中小法人等の軽減税率は、令和7年3月31日までに開始する事業年度について適用されます。

　人格のない社団等及び公益法人等については、他の法人と異なり、各事業年度の所得のうち収益事業から生じたものに対してのみ法人税が課税されます。

　法人税は、原則として事業年度終了の日の翌日から2か月以内に確定申告・納付しなければなりません。

● 消費税は預かり分から支払分を差し引いて納める

　会社が消費税の課税事業者である場合には、売上などで預かった消費税から、仕入れや経費で支払った消費税を引いた金額を国に納めます。

　消費税も、事業年度終了の日の翌日から2か月以内に確定申告・納付しなければなりません。以下の場合は、免税事業者となり、課税されません。

①　資本金が1,000万円未満の新設法人（設立から２年間）
②　基準期間（その事業年度の前々事業年度）の課税売上高が1,000万円以下である法人

　ただし、前年度の上半期の売上が1,000万円を超えると、課税事業者となります。なお、大会社から過半数の出資を受けている場合も、上記①の例外として課税事業者となります。税率は、10％（国税7.8％＋地方税2.2％）ですが、飲食料品（酒類以外で、外食を含まない）と定期購読契約の新聞などは軽減税率８％（国税6.24％、地方税1.76％）が適用されます。

●法人住民税には均等割・法人税割がある

　続いて、会社が納める地方税で主なもの（法人住民税、法人事業税、について見ていきましょう。会社を取り巻く地方税の代表は、法人住民税です。法人住民税には、道府県民税と市町村民税があります。法人に対して課される住民税には、均等割、法人税割があります。

　均等割とは、所得の黒字、赤字を問わず資本金や従業員数などに応じて一律に課税されるものです。法人税割とは、法人税額を基礎として課税されるものです。

　これらの法人住民税は、原則として、事業年度終了の日の翌日から２か月以内に確定申告・納付しなければなりません。

●法人事業税は資本金等の額または所得に応じて税率が異なる

　一般の会社の場合、その会社の資本金の額または法人税の所得に応じて異なる税率が適用されます。なお、外形標準課税制度（170ページ）により、赤字法人であったとしても、法人事業税を納付する必要のある企業もあります。法人事業税は原則として、事業年度終了の日の翌日から２か月以内に確定申告・納付しなければなりません。

法人税とはどんな税金なのか

法人にかかる税金である

● どのような税金なのか

　法人税とは、株式会社などの法人が、事業年度（通常は1年間）中に稼いだ利益（所得）に対して課される国税です。つまり、法人の利益（所得）を基準として法人に課される税金であり、広い意味での所得税の一種です。

　個人の所得に対して課される税金を所得税というのに対し、法人の利益（所得）に対して課される税金を法人税というわけです。

● 法人にもいろいろある

　法人とは、法律で人格を与えられた存在です。法律が定める範囲内で1人の人間のように扱われ、会社名で契約をしたり、預金や借入ができるように、権利・義務の主体となることができます。

　法人税法上の法人は、内国法人（日本に本店等がある法人）と外国法人（外国に本店等がある法人）に大きく分けられます。内国法人は、ⓐ公共法人、ⓑ公益法人等、ⓒ協同組合等、ⓓ人格のない社団等、ⓔ普通法人の5つに分類されます。外国法人は、ⓕ普通法人、ⓖ人格のない社団等の2つに分類されます。株式会社や合同会社は普通法人に分類されます。

● 利益も所得も内容的には同じ

　法人税は、株式会社など法人の利益にかかる税金です。「利益」は収益から費用を差し引いて求めます。正しくは、この「利益」に一定の調整を加えて、法人税の課税対象となる「所得」を求め、この「所

得」に法人税が課税されることになっています。正確な課税所得の計算方法については後述することとし（37ページ）、ここでは、法人税は「利益」に対して課税されるということにしておきます。したがって、欠損会社（赤字会社）には法人税はかかりません。

地方税である法人住民税には、法人税を課税のベースにする法人税割という部分があります。欠損会社の場合、この法人税割は課税されませんが、均等割と呼ばれる定額部分が課税されます。これは、利益が黒字か赤字か関係なく毎年発生します。定額部分は、資本金と従業員数によって金額が異なります。東京都の場合、資本金1,000万円以下で従業員が50人以下の法人では年間7万円となっています。

また、事業税も、外形標準課税の対象とならない法人であれば、欠損会社には課税されません。

なお、法人はその種類によって、ⓐ納税義務の有無、ⓑ課税対象となる所得の範囲、ⓒ課税時の税率が異なります。内国法人・外国法人の主な内容をまとめると、以下のようになります。

① 公共法人（地方公共団体、日本放送協会など）の場合は、納税義務がありません。
② 公益法人等（宗教法人、学校法人など）の場合は、所得のうち収益事業から生じる所得に対してのみ法人税がかかります。また、低税率での課税となります。
③ 協同組合等（農業協同組合、信用金庫など）は、すべての所得に対して協働組合等に適用される税率で法人税がかかります。
④ 人格のない社団等（ＰＴＡ、同窓会など）は、所得のうち収益事業から生じる所得に対してのみ法人税がかかります。
⑤ 普通法人（株式会社など）の場合は、すべての所得に対して普通税率での課税となります。

● 法人税は会社の「利益」にかかる

法人税の概要について見ていきましょう。

① 納税義務者

法人税は法人が納税義務者です。法人は、法律によって法人格を与えられ、社会的に「人格」をもつ存在です。1人の人間のように扱われ、会社名で契約をしたり、預金や借入ができるように、法律が定めた範囲内で権利・義務の主体になることができます。むしろ、取引額は個人より法人の方が通常大きいため、納める税金も多くなります。

また、法人を取り巻く利害関係者は、一般消費者や投資家にとどまらず、社会全体であるともいえます。程度の大小はあっても、社会全体に影響を及ぼしうる法人には、社会的責任が伴います。法人が得た利益から一定の税金を徴収し、徴収した税金が国や地域の社会生活に還元されるという一連の役割を担ってこそ、法人は社会的責任を果たすという意味もあります。

② 課税の基準となるもの

課税の基準となるものを「課税標準」と呼びます。法人税の課税標準は会社の「利益」です。「利益」は収益マイナス費用として計算されます。正確には、この会社の「利益」に一定の調整をした「課税所得」が法人税の課税標準となります。

③ 税額計算の対象期間

法人税では、会社法の規定により定款で定めた1年以下の期間である「事業年度」が計算の対象期間になります。この事業年度の利益を基に計算された課税所得に対して法人税が課され、事業年度終了の日の翌日から2か月以内に確定申告書を提出することになります。

④ 課税方法と税率

法人税では、法人の事業活動から生じた利益を集計し、その利益に税率を乗ずることで税金を計算します。また、様々な税額控除の制度が用意されています。税額控除とは、利益をもとに計算された税金に対し、

一定の金額を直接差し引くことができるというものです。配当に対して所得税が課された場合や外国所得に対して外国の税金が課された場合など一定の場合に税額控除を適用することができます。税額控除の中には、継続雇用者に対する給与等支給額を引き上げた場合に適用される控除（賃上げ促進税制）のように、政策的かつ時限的に設けられた制度もあります。税率も、所得税のような超過累進税率ではなく、一定税率になっており、法人の種類や資本金の検討規模によって決まっています。

⑤ 申告と納付

法人税は、納税義務者である法人が自ら計算を行い、申告と納税を行います。法人は、株式会社の場合、企業会計原則や各種の会計基準に基づいて決算を行い、貸借対照表や損益計算書などの決算書を作成して、株主総会において承認を受けることになります。この損益計算書に記載されている当期純利益をもとに、法人税の課税標準となる所得金額と法人税額を計算して、法人税の申告書等を作成します。

法人税の申告書の提出期限は、原則として事業年度終了の日の翌日から2か月以内となっています。納税も事業年度終了の日の翌日から2か月以内に行わなければなりません。

■ 法人税法上の法人

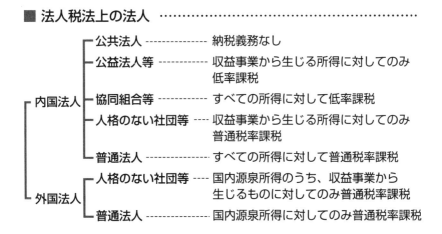

Q 法人税はどんな法令で定められていますか。また、実務を行う上では、何を参考にすればよいのでしょうか。

A 法人税に関する規則は、いくつかの法令で成り立っています。最も中心的な存在は、法人税法です。法人税の納税義務者、課税される所得の範囲、課税される期間、場所など、基本的な事柄は、法人税法に定められています。さらに、法人税法の各規程の詳細な事項については、法人税法施行令で、手続きに関する内容については法人税法施行規則で定められています。税金の納付方法など、すべての税法に共通する事項については国税通則法で定められています。

たとえば中小企業支援、雇用対策など、一定の政策方針に基づいて、一部の法人にのみ特別に減税などの措置がとられる場合があります。このような特例については、租税特別措置法により、期間を限定して定められます。租税特別措置法に関するさらに詳細な内容については「租税特別措置法施行令」、手続関係については「租税特別措置法施行規則」で、それぞれ定められています。

法人税法など税法の条文は、難解で予備知識が必要な税法用語が多数使われており、大変読みづらいものとなっています。そこで、法令ではありませんが、国税庁が具体的な事例とその処理方法について示した通達があります。通達は、税務署の職員が法令等を解釈するための方針であり、実務に即した形で、細かい内容が記載されています。

この他にも、国税庁のホームページで公開されているタックスアンサーでは、よくある質問とその回答について、項目ごとに整理されています。通達やタックスアンサーには、特に判断に迷うような、誤りやすい事例について記載されており、実務を行う上では、大変参考になります。ただし前提として、法人税に関する基本的な知識については、身につけておく必要があります。

3 「収益」「費用」について知っておこう

会社の規模と成績が明らかになる

● 収益とは

　収益とは、会社が事業から得た収入のことで、利益の源ともいえます。収益の中心的な存在は売上です。売上は、商品の販売やサービスを提供することで稼いだお金です。売上を上げることは、その会社が本業として行っている事業活動そのものです。まずは活動のメインである本業で収益を増やしていくことが、会社にとって最も重要なことだといえます。

　収益には、売上以外の経済活動から得た収入も含まれます。たとえばお金を貸した場合の利息や、設備などを売却した場合の売却収入、保険金収入などです。このように、会社の増益に貢献するものは、すべて収益に含まれます。

　ところで、収入はすべて収益になるのかといいますと、実はそうではありません。収入とはお金が入ってくることをいいますが、お金が入ってくる場合には、他にも資産である「債権」が現金化した場合や、負債である借入による収入も考えられるからです。収入を分類する場合、まずは何が原因で受け取った入金なのかを確認する必要があります。

　収入を収益とそれ以外のものに分類することにより、収益として取引した全体の金額が明らかになります。取引量が多いほど、収益の金額も大きくなりますので、収益の総量を金額で把握することにより、その会社の事業的規模を知ることができます。

● 費用とは

　会社が事業活動を行っていくためには、たとえば販売する商品の仕

第1章　法人税と決算書のしくみ　17

入や、従業員に支払う給料など、ある程度お金を使って環境を整える必要があります。このように収入を得るために使ったお金のことを費用といいます。

　ではどのようなものが費用になるのか、具体的に見ていきましょう。たとえば製品の製造費用や商品の仕入金額など本業のために使った金額や、電車代や電話代などの経費です。また、事業に直接的に関係のないものでも、経営上で必要な支出であれば費用に含まれます。たとえば借入金の利息や税金、取引先との飲食代なども費用となります。

　これらの費用を大きく1つの分類とすることで、収益から費用を差し引いた利益の額を計算することができます。また、収益と費用を比較することで、効率よく稼いでいるかどうかが明らかになります。基本的に、会社は利益を増やすために活動していると言っても過言ではありません。収益に対する費用の割合が多ければ、利益があまり出ておらず、残念ながら使った経費の効果が結果に反映されていないということです。このように、収益と費用から、会社の事業活動の成績が明らかになるというわけです。

　なお、収入を得るために使ったお金は、実は他のカテゴリーに分類される場合もあります。それは資産です。資産と費用の違いは、使ったお金が形に残るものになるかどうかという点にあります。建物や機械など、形に残るものは資産です。たとえば仕入れた商品も、売れ残って倉庫に置かれている段階では、棚卸資産という資産になります。

　判断が難しいのは文房具などの少額の消耗品ですが、簡単に説明すると、金額が少額なものや短期間で消費してしまうものに関しては費用の取扱いになります。

　なお、会社の設立から解散までの存続期間全体を1つの会計期間とみなして損益を計算する「全体損益計算」も理論的には考えられますが、それでは随時利益などの業績の成果が明らかにできないため、通常は1年間など会計期間を区切ります。

決算書の内容を見ていこう

会社の1年間の経営活動の成績表である

● 決算書とは何か

　決算書とは、一連の決算作業の結果作成された、会社の一定期間の経営成績や財政状態をまとめたものです。

　決算書と一口にいいますが、この決算書は適用される法律に応じていくつかの必要書類によって構成されています。たとえば会社法では、計算書類として貸借対照表・損益計算書・株主資本等変動計算書・個別注記表、そして附属明細書を定めています。

　また、金融商品取引法では、「財務諸表等規則」に財務諸表として、貸借対照表・損益計算書・株主資本等変動計算書・キャッシュ・フロー計算書・附属明細表を定めています。

　以下、主な決算書の各書類の概要について見ていきましょう。

① 　貸借対照表

　資産、負債、資本を表示する報告書であり、企業の一定時点における財政状態を明らかにするものです。会社法に準拠した貸借対照表では、資本の区分は「純資産の部」と呼ばれ、「株主資本」「評価・換算差額等」「新株予約権」の3区分表示となっています。

② 　損益計算書

　一会計期間（通常は1年間）における企業の経営成績を明らかにするために作成される書類で、一会計期間の儲けである利益を収益と費用の差額として表わしたものです。会社法に準拠した損益計算書では、「売上高」「売上原価」「販売費及び一般管理費」「営業外収益」「営業外費用」「特別利益」「特別損失」の7区分の収益・費用を加減算し、「当期純利益」に至るまでの各段階損益を表示します。

③　株主資本等変動計算書

　剰余金の配当、当期純利益の計上、資本項目間の振替（たとえば、剰余金から準備金への組入れのように資本金・準備金・剰余金相互間で計数を変動させること）などによる「純資産の部」の動きを明らかにする計算書です。資本金、資本準備金、繰越利益剰余金といった「純資産の部」の項目ごと、また変動事由ごとに変動額が示されます。

　なお、株主資本以外の項目（その他有価証券評価差額金等）に関しては、変動額は変動事由ごとではなく、純額で表示されます。

④　個別注記表

　各計算書類の注記をまとめて掲載する書類です。作成すべき注記表は、会計監査人設置会社かどうか、公開会社かどうかなどにより異なります。

⑤　キャッシュ・フロー計算書

　企業の一会計期間におけるキャッシュ（現金及び現金同等物）の収支を報告するために作成される計算書です。いくら売上を上げても、その代金がキャッシュとして回収されなければ資金繰りが苦しくなり、最悪の場合には倒産に至ります。キャッシュ・フロー計算書を作成することで、会社の資金の流れを明らかにすることができるのです。

■ **決算書とは**

会社法（計算書類等）	金融商品取引法（財務諸表）
貸借対照表 損益計算書 株主資本等変動計算書 個別注記表 附属明細書	貸借対照表 損益計算書 株主資本等変動計算書 キャッシュ・フロー計算書 附属明細表

貸借対照表を見ていこう

左側に資産の運用形態、右側に資金源が表示されている

● 貸借対照表は一定時点の財政状態を表示する

　貸借対照表は企業の財政状態を表わした表です。財政状態は月末や決算日など一定時点の状態を表わしたものです。

　決算書を「読める」ようになるための第１段階として、決算書自体に慣れるところから始めてみましょう。ここでは、貸借対照表の様式と内容を確認していきます。

① タイトル・日付

　貸借対照表というタイトルを一番上に表記し、次に、いつ時点の財政状態を表わしているかを明らかにします。たとえば「令和６年３月31日現在」というように表記します。

② 「資産の部」「負債の部」「純資産の部」

　貸借対照表は、「資産の部」「負債の部」「純資産の部」の３つの部分で構成されています。

　資産、負債、純資産のそれぞれ一番下の部分に「資産合計」「負債合計」「純資産合計」といった具合に合計額が表示されています。この合計額から見ていくと、その会社の全般的な特徴が見えてくることがあります。たとえば、資産合計５億円、負債合計１億円、純資産合計４億円の会社があれば、「この会社は、全部で５億円分の何らかの資産を持っている」ということは貸借対照表を見ればすぐにわかると思います。また、「負債が１億に対して純資産が４億円ということは、借金より自己資本の方が多い会社である」など会社の大まかな特徴が見えてくるはずです。

第１章　法人税と決算書のしくみ　21

●「資産の部」「負債の部」「純資産の部」とは

　左が資産、右上が負債、右下が純資産というように貸借対照表の様式を頭に入れておきましょう。このうち、左側の「資産の部」は会社が調達した資金の使い途を表わしています。「資産の部」の合計は「総資産」とも呼ばれます。これに対して、右側の「負債の部」と「純資産の部」は資金をどこから調達したかを表わしています。つまり、企業活動を行うための資金を金融機関など債権者から調達した部分（負債）と株式の発行などにより調達した部分（純資産）に分けて表示しているのです。そして、「資産の部」の合計額は、「負債の部」と「純資産の部」を加えた合計額と常に等しくなります。貸借対照表は、英語でBalance Sheet（バランスシート）あるいはB/S（ビーエス）とも呼ばれています。

■ 貸借対照表の構成と記載内容

貸借対照表
令和6年3月31日現在
(単位:円)

資産の部	負債の部
Ⅰ　流動資産 　　　　　　　　流動資産合計 Ⅱ　固定資産 　　1　有形固定資産 　　　　　　有形固定資産合計 　　2　無形固定資産 　　　　　　無形固定資産合計 　　3　投資その他の資産 　　　　　投資その他の資産合計 　　　　　　　　固定資産合計 Ⅲ　繰延資産 　　　　　　　　繰延資産合計	Ⅰ　流動負債 　　　　　　　　流動負債合計 Ⅱ　固定負債 　　　　　　　　固定負債合計 　　　　　　　　　　負債合計 純資産の部 Ⅰ　株主資本 　　1　資本金 　　2　資本剰余金 　　　　　　　資本剰余金合計 　　3　利益剰余金 　　　　　　　利益剰余金合計 　　　　　　　　株主資本合計 Ⅱ　評価・換算差額等 　　　その他有価証券評価差額金 　　　　　評価・換算差額等合計 Ⅲ　新株予約権 　　　　　　　　　純資産合計
資産合計	負債・純資産合計

6 「資産」「負債」「純資産」について知っておこう

会社の支払能力や価値が明らかになる

● 資産とは

　会社が保有する財産のことを資産といいます。一般的に財産といえば、現金や預金の他、不動産や株式、絵画などというような、いわゆる金銭的価値の高いものをイメージするかもしれませんが、資産にはこれらの他に、将来お金を受け取る「権利」のような目に見えない財産も含まれます。国際財務報告基準（IFRS）（40ページ）では、資産を将来キャッシュ・イン・フローの現在価値と定義しています。つまり、会社の有するものを現金的価値に換算し、可視化したものです。それにより、その会社の規模や支払能力、経済的体力などを明らかにしているというわけです。一言で現金的価値に換算するといっても、その方法は幾通りも存在するのですが、一般的には資産を手に入れた時の価格を用います。ではどのようなものが資産となるのか、以下でもう少し掘り下げてみましょう。

　会社が資産を取得するのは、取引先から事業活動の過程において外部から受け取る場合と、会社が自ら購入したり製作して取得する場合があります。

　事業活動の過程で受け取る場合とは、たとえば商品を販売した得意先から受け取った代金などです。販売時に代金を受けとる場合もありますが、頻繁に取引をする相手であれば、1か月分をまとめて請求して、支払いを受けるのが一般的です。請求をしてからお金を受け取るまでの間、得意先からお金を受け取る権利が発生することになります。この権利は売掛金という名称の資産となります。

　このように、将来お金を受け取る権利のことを債権といいます。売

第1章　法人税と決算書のしくみ　23

掛金以外の債権としては、取引先などへの貸付金などがあります。

会社が自ら取得する資産とは、たとえば事務所用のビルや機械、設備などです。これらを、購入した時は資産として記録されることになります。つまり、資産の内容を見れば、会社のお金の使い途も明らかになります。

資産にはその性質によってすぐに換金できるものと、なかなか換金できないものとがあります。換金が容易であるということを「流動性が高い」といいます。賃借対照表において資産の内容は、一般的には流動性の高いものから順番に並べるのがルールとなっています。

● 負債とは

負債とは、わかりやすくいうと借金のことです。銀行からの借入などのようないわゆる借金の他に、たとえば請求書の支払いや、従業員への給与、税金の未払いなど、将来お金を払う義務のあるものすべてが負債となります。負債を1つのグループとしてまとめておくことで、会社が負っている経済的負担を総額で知ることができます。

負債には、お金を支払うべき相手が存在します。つまり相手との約束が存在しているということなので、負債の金額には、たとえば「借用書」や「請求書」「契約書」などのような客観的な裏付けがあるのが特徴です。なお、このような将来相手にお金を支払う義務のことを債務といいます。要するに、負債のほとんどは「債務」ということになりますが、例外もあります。それは、将来発生するかもしれない経済的負担に備えてあらかじめ負債をして計上しておくという場合です。たとえば賞与や退職金は金額も大きく会社の経営に影響を及ぼす可能性があることから、将来支払見込分を負債に計上します。このような、将来の負債をあらかじめ計上したものを引当金といいます。

国際財務報告基準（IFRS）（40ページ）では、負債を「将来キャッシュ・アウト・フローの現在価値」と定義しています。

● 純資産とは

　資産や負債とは異なり、純資産には実態がありません。そのため資産、負債と比べると少しイメージし難いかもしれません。純資産とは、資産から負債を差し引いた単なる差額です。

　なぜ差額を1つの分類とする必要があるのかと言うと、純資産は会社の価値を表わす1つの重要な要素であるためです。仮に会社の保有する資産をすべて換金し、かつ、負債を清算したとして手元に残る金額、つまり会社自身で自由に処分できる正味の財産、それが純資産です。

　純資産は、大きく分けて主に2つの財源から成り立っています。会社を設立した時に資本金として株主から出資を受けたお金と、事業によって儲けた利益です。

　まず資本金ですが、これは事業を始めるための準備資金として株主が会社に渡したお金です。この資本金には返済義務はありません。

　また、会社が資本金を元手に行った事業で利益が出た場合、その利益は資本金と同じ純資産の一部として蓄積されることになります。つまり黒字経営が続くと、純資産も増加していくというわけです。

　株式会社の場合、会社が稼いだ利益の一部は、配当として株主にも分配されます。株主側が出資を行うメリットとしては、会社が大きく成長すると、配当収入が期待できるというところにあります。

■ 資産・負債・純資産について

損益計算書を見ていこう

損益計算書は、利益の最終結果よりプロセスを重視する

◉ 損益計算書の様式と内容はどうなっているのか

　損益計算書は、収益から費用を差し引くことによって、儲けまたは損を計算する表です。損益計算書は、英語でProfit and Loss statement（プロフィット・アンド・ロス・ステートメント）あるいはP/L（ピーエル）と呼ばれます。

　商品を売り上げた代金や銀行にお金を預けた場合にもらえる利息などが収益に該当します。具体的には、売上、受取利息、受取配当金、有価証券利息、雑収入などです。

　費用とは、簡単にいえば、収益を得るために必要なコストのことです。つまり商品を売って儲けようとすれば、手ぶらでは儲かりませんので、まず、何といっても商品を仕入れなければなりません。この仕入代金が売上高に対するコストである売上原価になるのです。

　その他、広告宣伝費、従業員への給料、家賃、電気代や水道代なども必要ですので、すべて収益を得るための費用（コスト）になります。

　では損益計算書の様式と内容を具体的に見てみましょう。

① タイトル・期間

　損益計算書というタイトルを一番上に表記し、次に、いつからいつまでの期間の損益計算であるかを明らかにします。たとえば令和5年4月1日から翌年3月31日までの1年間であれば、「自　令和5年4月1日　至　令和6年3月31日」と表記します。

② 売上・仕入・売上総利益（損失）

　最も重要な売上高が一番上に表示されます。次に売上に直接かかった費用である原価（売上原価）が表示されます。売上総利益は売上高

から売上原価を差し引いた残額です。マイナスの場合は損失となります。
③　販売費及び一般管理費
　会社を運営していくのに必要な、従業員給与、事務所家賃、消耗品代などの必要経費とその合計額が表示されます。
④　営業利益（損失）
　②売上総利益から③販売費及び一般管理費を差し引いた後の利益（マイナスの場合損失）です。

■ 損益計算書サンプル

損益計算書
（自　令和5年4月1日　至　令和6年3月31日）　（単位：円）

```
Ⅰ　売上高
Ⅱ　売上原価
        売上総利益（または売上総損失）
Ⅲ　販売費及び一般管理費
        営業利益（または営業損失）
Ⅳ　営業外収益
Ⅴ　営業外費用
        経常利益（または経常損失）
Ⅵ　特別利益
    固定資産売却益
    投資有価証券売却益
    ×××
        特別利益合計
Ⅶ　特別損失
    固定資産売却損
    減損損失
    災害による損失
    ×××
        特別損失合計
        税引前当期純利益（または税引前当期純損失）
        法人税、住民税及び事業税
        当期純利益（または当期純損失）
```

⑤ 営業外収益・営業外費用

　預金利息や有価証券の売買で得た利益など、本業以外の副収入的な性質の収益を営業外収益といいます。同様に借入金利息など、本業以外の取引にかかった費用を営業外費用といいます。

⑥ 経常利益（損失）

　④営業利益に⑤の営業外収益を加えて営業外費用を差し引いた利益（マイナスの場合損失）です。一般的に、その会社の経営が健全かどうかを判断する、注目頻度の高い利益です。

⑦ 特別利益・特別損失

　土地の売却損益のような、臨時的な収益や損失をいいます。特別利益、特別損失は、まれにしか発生しないような収益・費用が表示されます。

⑧ 税引前当期純利益（損失）・法人税、住民税及び事業税・当期純利益（損失）

　⑥経常利益から⑦の特別利益、特別損失をプラスマイナスして、当期の利益（損失）の額を算出します。ただし会社の儲けには税金が課されますので、税額を計算する前の利益は「税引前当期純利益（マイナスの場合損失）」といいます。これに対してかかる税金は「法人税、住民税及び事業税」という表示をします。税引後の利益が最終的な「当期純利益（マイナスの場合損失）」となります。

● 損益計算書はプロセスを重視する

　損益計算書で大切なのは、当期純利益の金額そのものだけではなく、その当期純利益が導き出されたプロセスを表わすことです。

　つまり、①本業である商品の販売そのものでどれだけの利益を生み出せたのか、②そこから給料・家賃・水道光熱費などの費用を負担しても利益が出ているのかどうか、また、③預金等の利子・配当金の収入、借入金に対する支払利息などを受け取ったり支払ったりすると利

益がどうなったのか、さらに、④資産を売却した利益等を加味すると利益がどうなったのかを示すプロセスです。

たとえば、本業の儲けを示す利益が大幅なマイナスで、本業以外の資産（土地や建物など）の売却益などで利益を出している会社は健全な経営を行っているとはいえないでしょう。

損益計算書では、当期純利益が導き出されたプロセスがはっきりわかるように、収益と費用をひとまとめにしていきなり当期純利益を計算せず、段階ごとに利益（損失）を計算するようにしています。これによって、本業で利益が出ているのかどうか、どこの段階での経費がかかっているのかが確認できます。

この結果を分析することによって、経営陣は、売上向上策やコスト削減策などの経営政策を打ち出して、会社経営をうまく舵取りすることができるわけです。

■ **損益計算書の計算構造**

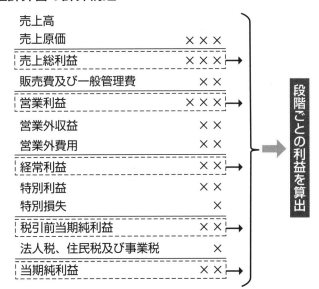

貸借対照表の勘定科目について知っておこう

取引ごとに名称をつけてお金の使い途を明確にする

● 勘定科目で内容がわかる

次に、5つの大きな決算書項目の中に設定する「取引や事象のラベル」とでもいうべき勘定科目について見ていきましょう。勘定科目とは、簡単に言うと資産、負債、純資産、収益、費用の5つのカテゴリーに分類された決算書項目のさらに内訳ということになります。1つひとつの取引ごとに、その内容がわかるような名称をつけて、会社が何にお金を使ったのかを外部の人が見ても明確になるように示します。勘定科目は、会社計算規則などのルールや商慣習で主な名称が決まっていますが、自社の業態に応じて自由に設定することもできます。通常は会計ソフトの勘定科目の中から適したものを選択します。

● 貸借対照表の勘定科目

まず貸借対照表の勘定科目について見ていきましょう。貸借対照表は、企業が事業活動を営むにあたってどれだけの資金を集め、そしてその資金をどのような事業活動に投資し、運用しているのかを示す表形式の書類です。

貸借対照表は、次ページ図のように左右に2列に分かれて表されます。この貸借対照表の右側と左側の金額は必ず一致します。

借方（左側）は資産の部で、資金の使い途を表します。貸方（右側）は負債および純資産の部で、資金の調達方法を表します。貸方のうち、右上が負債、右下が純資産となります。負債は融資や掛け仕入により生じた資金で、将来返済の義務があります。一方、純資産は投資家からの出資や事業活動で得た資金で、返済義務のないものです。

資産・負債・純資産の主な勘定科目には以下のものがあります。

・**資産の「勘定科目」**

　主な勘定科目としては、現金、当座預金、普通預金など資金の保有形態を表わすものや、受取手形（商品やサービスの代金を一定の期日に受け取ることを約した有価証券）、売掛金などの売上債権、未収入金（売上などの営業取引以外で発生した債権）、貸付金（貸付による債権）、商品（在庫）などが挙げられます。また、事業のために購入した土地、建物、車両運搬具（営業車やトラックなど）、備品（事務用の机、電話機、PCなど）、機械などの固定資産もあります。

　なお、子会社株式、有価証券、出資金などの、投資に分類される勘定科目もあります。

・**負債の「勘定科目」**

　主な負債の勘定科目としては、支払手形（商品やサービスの代金を一定の期日に支払うことを約した有価証券）や買掛金（仕入など営業取引により発生した債務）などの仕入債務、借入金、未払金（仕入などの営業取引以外で発生した債務）、預り金（他者から一時的に受け取った資金で、後に支払が生じるもの）などが挙げられます。

・**純資産の「勘定科目」**

　株主からの出資を表わす勘定科目として、資本金、資本剰余金など

■ 貸借対照表は会社の財政状態を表わす

貸借対照表

資　産	負　債	負債（他人からの調達）：銀行からの借入金の他、仕入でまだ支払っていないもの
	純資産	

資産：集めたお金の使い道

純資産（自己で調達）：会社所有のお金で他社に返済する必要のないもの

があります。過去に会社が稼いだ利益は利益剰余金という勘定科目で表わします。また、少し特殊な例になりますが、会社の株式を自ら買い戻した場合、自己株式という勘定科目を用いて純資産のマイナス項目として表示することになっています。

■ 資産・負債・純資産の勘定科目とその内容

資産の一般的な勘定科目

現金	通貨、通貨代用証券
預金	預金、貯金（郵便局）
受取手形	通常の営業取引により受け入れた手形
売掛金	商品、製品、半製品などの未収の販売代金・請負工事の未収代金など
商品	販売目的で外部から仕入れた物品など
短期貸付金	得意先、仕入先、関係会社、従業員などに対する貸付金で、決算日後1年以内に回収予定のもの
未収入金	固定資産、有価証券などの売却代金の未収額
建物	事業用の店舗、倉庫、事務所等の建物
車両運搬具	営業用の鉄道車両、自動車その他の陸上運搬具
特許権	産業財産権（工業所有権）のひとつで、産業上利用することができる新規の発明を独占的、排他的に利用できる権利
ソフトウェア	コンピュータシステムのソフトウェアの取得に要した金額
長期貸付金	得意先、従業員などに対する貸付金のうち、決算日後1年を超えて回収されるもの

負債の一般的な勘定科目

支払手形	営業上の買掛債務の支払いのために振出した約束手形や引き受けた為替手形
買掛金	原材料や商品の購入により生じた仕入先に対する債務
前受金	商品・製品の販売代金についての前受けした金額のこと
短期借入金	銀行から借り入れた設備資金、運転資金、個人からの借入金、取引先、親会社からの借入金などで、決算日後1年以内に返済予定のもの
未払金	買掛金以外の債務で、固定資産の購入代金や有価証券の購入代金などの未払額
長期借入金	返済期限が決算日後1年超の借入金

純資産の一般的な勘定科目

資本金	会社設立時の出資金や増資払込などのこと
資本準備金	資本取引から生じた株式払込剰余金などのこと
利益準備金	利益のうち、内部留保すべきものとして積み立てられたもの
自己株式	会社自ら取得した自社の株式（純資産から控除）

損益計算書の勘定科目について知っておこう

一般的には多くの会社が、共通した勘定科目を採用している

● 損益計算書の勘定科目

　売上金額のようなお金が入ってくる取引を「収益」といいます。また、家賃や従業員の給料などお金を払う取引を「費用」といいます。収益から費用を差し引いたものが「儲け」です。この儲けのことを当期純利益といいます。損益計算書では企業の活動結果として、どんな収益がどれだけあり、どんな費用がどれだけかかり、結果としてどれだけ儲かったのかを一覧することができますので、企業の経営成績が一目瞭然になります。

　損益計算書の主な勘定科目には以下のものがあります。

・収益の「勘定項目」

　売上（本業のビジネスによる収入）、受取利息（銀行預金などから発生する収入）、受取配当金（保有する株式によって受け取る配当）、雑収入（本業のビジネス以外で発生したその他の収入）などが挙げられます。

・費用の「勘定科目」

　費用に該当する主な勘定科目としては、売上原価、給料、通信費、水道光熱費、旅費交通費、租税公課、支払利息などが挙げられます。費用の勘定科目は特に種類が多く、会社の業態によってその内容は大きく異なります。取引の発生に応じて、たとえば広告宣伝費、研究開発費、消耗品費、交際費というように任意で勘定科目を設定することになります。

　旅費交通費は、社員が仕事で使った移動のためのすべての費用を指します。交通機関の違いは関係ありません。

第1章　法人税と決算書のしくみ

水道光熱費は、水道、電気、ガスなどにかかる費用です。

　広告宣伝費は、会社や会社の扱っている商品などを広告・宣伝するために使われる費用です。広告宣伝の媒体には新聞、ポスター、テレビ、試供品の配布など様々なものがありますが、広告宣伝費に含まれる支出に媒体の違いは関係ありません。

　会議費は、会社の中で行う会議の費用の他、取引先との商談で使用した費用も入ります。会場の確保の費用、飲食費用、会議に使用したプロジェクターの使用料、会議の資料の作成費用など、会議に必要な費用はすべて会議費に入ります。

　租税公課は、税金や公的団体へ納める会費や罰金などです。なお、法人税・住民税・事業税は別途「法人税、住民税及び事業税」で表示されます。

　地代・家賃は、土地や事務所などを借りる費用です。駐車場なども土地を借りるわけですから、地代の勘定科目に入ります。

　交際費は、取引先への接待や、贈り物といった費用です。取引先など、事業に関係のある者に対して、接待、贈答、慰安などのために支出する費用が交際費に該当します。

　支払利息とは、金融機関や取引先などから借入金がある場合に、契約に従って支払われる利息のことです。

■ 損益計算書は会社の経営成績を表わす

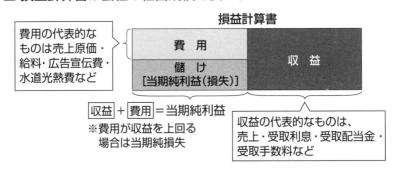

勘定科目の名称については、社外の人が見てその内容がわかるような名称であればそれでよいのですが、一般的には多くの会社が、共通した勘定科目を採用しているといえます。なお、会社が購入した機械や車は資産ですが、実はこれらの資産は使用状況に応じて一定期間で費用化していくルールになっています。そのときの費用は減価償却費という勘定科目で表示します。

■ 損益計算書の主な勘定科目

収益の一般的な勘定科目	
売上	物品の販売やサービスの提供によって生じた利益
受取利息	金融機関の預貯金利息、国債、社債などの有価証券利息など
受取配当金	株式、出資、投資信託等に対する配当金の収入
雑収入	上記以外の本業のビジネス以外で発生した収入
費用の一般的な勘定科目	
仕入	販売用の物品等の購入代金
役員報酬	取締役、監査役などの役員に対する報酬
従業員給与	従業員に対する給料、賃金、各種手当
法定福利費	従業員の労働保険や社会保険のうち、事業主が負担するもの
福利厚生費	従業員のための祝い金、健康診断費用、社内行事費用など
旅費交通費	通勤や業務遂行に必要な出張旅費など
接待交際費	取引先など事業に関係のある者に対する接待、慰安、贈答などのために支出される費用
会議費	会議用の茶菓、弁当、会場使用料
通信費	切手、はがき、電話、ファックス費用など
消耗品費	事務用品などの物品の消耗によって発生する費用
水道光熱費	水道料、ガス料、電気代など
保険料	設備、棚卸資産にかけた火災保険料、機械の運送保険料など
地代家賃	建物、事務所、土地の賃借に要する費用
租税公課	印紙税、登録免許税、不動産取得税、自動車税、固定資産税など
減価償却費	建物や車両運搬具など固定資産の取得価額を費用化したもの
雑費	上記以外の費用で、重要性がなく、特に独立科目を設ける必要がない費用を処理する科目
支払利息	金融機関からの借入金利息、他の会社からの借入金利息など

税務会計と企業会計について知っておこう

税務会計と企業会計は同じではない

● 税務会計と企業会計

　法人税とは、株式会社などの法人が事業年度（通常は1年間）において稼いだ利益（所得）に対して課税される国税のことです。会社法上確定した決算における利益を基礎とし、税法の規定により調整を加えることで課税所得の金額の計算を行います。

　企業に関係する会計には、法人税額を算出するための税務会計の他に、企業会計というものがあります。そして、同じ「会計」という言葉を使っていても、2つの会計の中身は違います。

　企業会計は、会社の業績などの実際の姿をできる限り正確に表わすことを目的としています。それに対し、税務会計は、公平な課税を誰もが納得できる形で算出することが目的になっています。そもそも、会計の目的が違うのです。したがって、会計のルールも税務会計と企業会計とでは違います。

　たとえば、交際費等は、会計上は全額が費用ですが、法人税の計算上では、一定額までしか費用（税法では損金という）として認められていません。そのため、法人税法上は費用として認められない分を会計上の利益に加算した金額が法人税の課税所得になります。つまり、課税所得の方が会計上の利益より多額になります。これは、「税金を納めるぐらいなら」と交際費をムダに使った会社と、接待等を必要最低限にした会社の利益が同じだったとして、同じようにそのまま課税するのは税務上は不公平という考え方に基づきます。つまり課税の公平が保てずに、結果として税収が少なくなってしまうことがないように考慮したものが、税務会計なのです。

● 企業会計上の利益から算出する課税所得

　先ほどまで出てきた収益、費用、利益とは、企業会計で使う言葉です。企業会計では、企業が営業活動をして得たお金（これを企業会計では、「資本取引を除いた企業活動によって得たお金」といいます）を収益、そのお金を得るために使ったお金を費用、収益から費用を引いたお金を利益と呼びます。

　一方、税務会計のもととなる法人税法では、その法人の「各事業年度の所得の金額は、その事業年度の益金の額からその事業年度の損金の額を控除した金額とする」と明記されており、原則としてそれぞれの事業年度ごとに、「益金の額」から「損金の額」を控除した金額に対して税金を課すことにしています。「益金の額」から「損金の額」を控除した金額を課税所得といいます。具体的には、損益計算書に記載されている当期純利益に一定の調整（税務調整）を加えて、法人税の申告書の別表四という表を使って課税所得の金額を計算します。

　結局、益金、損金、所得とは、企業会計上の収益、費用、利益に法人税法上の特別ルールで修正を加えて算出したものだということになります。

■ 企業会計上の利益と課税所得

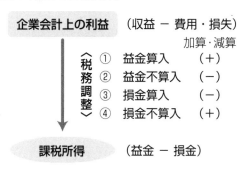

第1章　法人税と決算書のしくみ

税務調整について知っておこう

適切な税額算出のための調整のこと

● 税務調整とは

　企業会計では会社の経営実態を知るという機能が重視されますが、税務会計では「税収の確保」と「税の公平性」という政策的な配慮がいたるところに見られます。つまり、税務会計とは、企業会計で算出した収益、費用、利益に「税収の確保」と「税の公平性」という面からの修正を加えることなのです。この修正を加えることを税務調整と呼びます。

　税務調整には、決算の際に調整する決算調整と、申告書の上で加減して調整する申告調整があります。

　法人税法では、その法人の「各事業年度の所得の金額は、その事業年度の益金の額からその事業年度の損金の額を控除した金額とする」と規定しています。益金とは法人税計算上の課税所得の対象となる収益のこと、損金とは法人税の課税所得の計算において対象となる費用のことです。法人税の所得を計算する際は、ゼロから「益金」と「損金」を集計するのではなく、企業会計上の確定した決算に基づく「利益」をもとにして、「申告調整」を行って求めることになります。

● 申告調整の方法

　企業会計上の利益から法人税法上の所得を導き出す申告調整には、次の4種類があります。

① **益金算入**

　企業会計上は収益として計上されないが、法人税法上は益金として計上することをいいます（圧縮積立金の取崩額など）。

② 益金不算入

企業会計上は収益として計上されるが、法人税法上は益金として計上しないことをいいます（受取配当等の益金不算入額など）。

③ 損金算入

企業会計上は費用として計上されないが、法人税法上は損金として計上することをいいます（繰越欠損金の損金算入額など）。

④ 損金不算入

企業会計上は費用として計上されるが、法人税法上は損金として計上しないことをいいます（交際費等の損金不算入額など）。

つまり、企業会計上の「利益」に、企業会計上の「収益・費用」と法人税法上の「益金・損金」の範囲の違うところを「申告調整」によってプラス・マイナスして、法人税法上の「所得」を算出するわけです。結果として、以下のようになります。

　　法人税法上の所得＝企業会計上の利益＋益金算入額、
　　　　　　　　　　　損金不算入額－益金不算入額、損金算入額

■ 法人税の課税対象

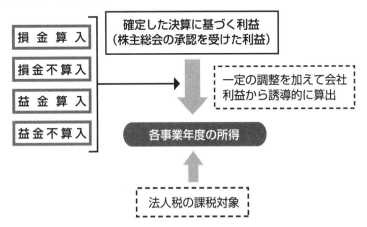

Column

IFRSとはどんなルールなのか

　IFRSとは、IASB（国際会計基準審議会）が作成しているグローバルな会計ルールのことです。正式には国際財務報告基準（International Financial Reporting Standards）といい、この略称としてIFRSという言葉が用いられています。従来は、各国、各地域で定められた会計のルールを用いて、財務諸表を作成していました。そのため、異なる国の企業について、それらの財務諸表を単純に比較検討することが難しいことも多くありました。そこで、世界共通の会計のルールとして導入が進められているのがIFRSです。日本でもIFRSを採り入れる動きが進んでおり、IFRSを適用した財務諸表を公開している企業も多くあります。なお、日本でIFRS適用ができるのは、現状は子会社等を合算した連結財務諸表のみで、かつ一定の上場会社になります。

　IFRSと日本の会計のルールでは、細かい点も含めて異なる箇所が多々あります。まず、日本の会計ルールが細目主義と言われているのに対し、IFRSは原則主義であると言われています。日本の会計ルールでは具体的な数値基準や処理方法まで定めているのに対し、IFRSでは具体的な判断基準などはあまり示されていません。

　また、会計基準の大きな違いのひとつとして、他社を買収したときに発生する「のれん」の会計処理は、日本基準では一定の償却期間（20年以内）にわたり償却（費用計上）が行われますが、IFRSは土地と同様に原則として償却は行われません。そして、IFRSには損益計算書にあるような経常損益や特別損益の表示区分もありません。

　さらに、IFRSの注記情報などの開示は、日本の会計ルールよりも拡充されています。IFRSでは、たとえば、税金費用の内訳や、為替レートが１％変動（円高）になった場合の利益に与える影響額を記載するなど、より詳細な開示が必要になります。

第2章

法人税の基本

法人税と会社の利益の関係について知っておこう

利益が増えれば納税額も大きくなる

● 健全経営と節税対策の両立

　会社は、会計期間の間に稼いだ利益に対して法人税、法人住民税、法人事業税などを納付しなければなりません。このような種々の税金を合わせると、利益の約30％が税金に消えてしまうことになります。会社は、通常1年間を会計期間として、その1年間の利益を計算することになっています。会計期間の始まりを期首、終わりを期末といいます。この会計期間で稼いだ利益をもとに、1年間の税金の額が決定されるのです。

　税金の納付は、原則として決算日後2か月以内に行うことになります。ここで気をつけなければならないことは、納付に合わせて、税金分の現金を用意しておく必要があるということです。この税金の支払時期を考慮して余裕のある資金スケジュールを組んでおかないと、得意先からの入金が遅れてしまったり、通常にはないような大口の支出があった場合に税金を納付する資金がなくなってしまうということにもなりかねません。

　法人税は、会社の確定した決算に基づく利益から計算した所得に税率を掛けて算出しますので、納税額を少なくするためには、この利益を少なくすればよいわけです。

　最終的な利益が計算されるまでの過程としては、まず、売上高から売上原価を差し引いて売上総利益を求め、ここから販売費及び一般管理費を差し引いて営業利益を求めます。

　さらに、この営業利益に営業外収益、営業外費用を加減算して経常利益を求め、最後に特別利益、特別損失を加減算して税引前当期純利

益を求めます。したがって、利益を少なくするには、各段階の収益を少なくするか、費用を多くするかのどちらかということになります。

　計算上は確かにそうですが、単純に納税額を少なくするために売上を減少させたり、経費を増大させればよいというものではありません。このような方法をとれば、事業が縮小して利益を確保することが困難になったり、資金繰りに窮することになったりして、結果的に会社自体の存続が危ぶまれる状態に陥ってしまいます。それよりは売上を増大させる対策を考えて資金を増やし、正しい納税をする方が健全な会社経営を行っているといえます。そもそも会社は出資者である株主のものです。利益が出れば、それに応じて株主へ配当も支払われます。会社の経営者が極端な節税に走り、利益を出すことから目を背けることは、株主への背信行為とも受け止められかねません。

● 税金を減らす方法

　ムダな経費を増やすことはいけませんが、上手に税法の規定を利用して、本来その期間の損金ではなかったものを損金にするという方法はどうでしょうか。具体的には、租税特別措置法で臨時的に設けられる制度の利用です。

■ 健全な会社経営と節税対策

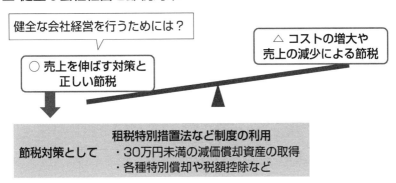

第2章　法人税の基本

たとえば、中小企業であれば現在、取得価額が30万円未満の減価償却資産を取得した場合には、取得価額の全額を経費とすることが認められています（合計300万円まで）。本来であれば10万円以上の減価償却資産は資産に計上して、耐用年数の期間にわたって減価償却費を計上しますが、これを即時に償却することができるという特例です。減価償却資産とは建物、機械設備など、少なくとも１年以上にわたって使用し、年月が経過するにつれて、価値が目減りしていくものです。
　また、租税特別措置法には各種税額控除制度が規定されています。税額控除ですから、利益を減らしたり、経費を増やしたりしなくても、税金を減らすことができるのです。設備投資等を考える際に適用対象となる資産を購入するなどの検討が、効果的な節税対策につながるはずです。

■ 税金と利益の関係

売上高	××××
売上原価	▲×××
売上総利益	×××
販売費及び一般管理費	▲××
営業利益	×××
営業外収益	××
営業外費用	▲××
経常利益	×××
特別利益	××
特別損失	▲××
税引前当期純利益	××

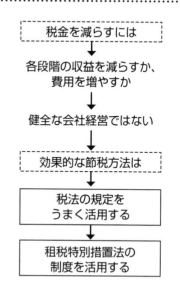

５つの利益と儲けのしくみをつかもう

段階利益を表示する目的は、正しい経営成績の判断を可能にするため

● 段階ごとに利益を表示する理由

　損益計算書では、損益の計算を①売上総利益、②営業利益、③経常利益、④税引前当期純利益、⑤当期純利益の５段階に分けて儲けのしくみを示していきます。

　たとえば、債権者の立場からしても、「どうやって儲かったのか」までわからなければ、今後の債権回収に支障が生じることにもなりえます。その会社の本業で利益を上げたのか、それとも本業では損を出したが、臨時的な利益で本業の損をカバーしたかでは大きな違いがあるためです。このような理由から、損益計算書では段階的な利益を明らかにしていく必要があります。

① 売上総利益

　売上高から売上原価を差し引いたものを売上総利益といいます。正式な名称は会計上「売上総利益」といいますが、日常的には粗利または荒利と呼ばれます。

　また、「売上原価」は当期に販売された商品の仕入原価であり、通常売れ残った在庫分は「売上原価」にはなりません。

② 営業利益

　「売上総利益」から「販売費及び一般管理費」を差し引いたものが営業利益です。「販売費及び一般管理費」は、販売部門や管理部門などで発生したコストを指します。具体的には、販売費は、販売促進費、広告宣伝費などです。一方、一般管理費は、管理部門の人件費、建物の家賃、減価償却費などです。

　「営業利益」とは、その言葉通り会社の営業活動によってもたらさ

れた利益のことです。「営業利益」が赤字のような会社は債権回収に支障が生じる可能性があります。また、「販売費及び一般管理費」の内訳を把握することで、その会社の経営方針がわかることもあるので債権管理に生かすことができます。

③ 経常利益

「経営利益」とは、企業が本業を含めて普段行っている継続的な活動から得られる利益のことであり、「営業利益」に「営業外収益」と「営業外費用」をプラスマイナスすることで求められます。営業外収益または営業外費用とは、その会社の基本的な営業活動以外から生じる収益や費用を指します。企業の財務活動から生じた受取利息や支払利息などが該当します。

④ 税引前当期純利益

「経常利益」に「特別利益」と「特別損失」をプラスマイナスした利益が「税引前当期純利益」です。特別利益、特別損失は、経常的な事業活動以外から発生した利益、損失のことです。

たとえば、土地を売却した際の利益や、工場が火災に遭った際の災害損失など臨時的に発生する項目が該当します。そうした損益も含めた包括的な利益が「税引前当期純利益」です。

⑤ 当期純利益

「税引前当期純利益」から「法人税、住民税及び事業税」を差し引いたものを当期純利益といいます。会社の利益には、法人税・住民税・事業税といった税金がかかります。税金もコストの一部です。現金が出ていくという意味では、人件費や支払利息などの経費と何ら変わるところはありません。「当期純利益」は、その事業年度の最終的な成果を表わす利益です。

● 損益計算書と貸借対照表の利益の計算方法の違い

前述したように、売上高から売上原価や販売費及び一般管理費、営

業外費用、特別損失といったコストを差し引いて利益を算出します。このように、利益を生み出す原因からたどって利益を算出する方法を損益法といいます。損益計算書はこの方法に従って利益を算出しているのです。損益計算書上では、5段階にわたって利益を算出していく中で、利益の増減に影響するそれぞれの要因が明らかにされています。

　この方法以外にも、利益を求める方法があります。それは、貸借対照表を用いて利益を算出する方法です。生み出された当期純利益は純資産に蓄えられます。つまり、当期に生み出された利益の分だけ純資産が増加することになるのです。このしくみを利用して、利益を算出する方法を財産法といいます。この方法では、期末の純資産から期首の純資産を差し引くことで、当期純利益を算出します。ただし、増資や減資などのような利益以外の純資産変動要因がある場合は、期首と期末の純資産の差額がそのまま当期純利益と一致するわけではないことに注意が必要です。

■ 費用及び収益の経常性という観点からの分類

費用および収益は、それが毎期経常的に発生するものなのかどうかにより経常損益と特別損益とに分類することができる

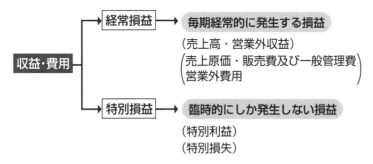

第2章　法人税の基本　47

Q 会社が物を売った場合は「売上」になると考えてよいのでしょうか。

A 「売上」とは、自社の製品・商品を販売するなど、会社が本来の目的としている営業活動を行って獲得した収益のことです。売上とは、販売代金としてもらった金額全体の合計です。言いかえれば会社が本業で稼いだお金ということになります。商品や製品の販売以外にも、修理や輸送、不動産の賃貸など、目に見えないサービスを提供して稼いだお金も、売上に含まれます。

法人税法上の取扱いですが、売上は、法人の所得の一部を構成します。ですから、法人税の課税対象となります。厳密にいうと、売上全体に課税されるのではなく、営業活動に必要な経費などを差し引いた残額である、儲けの部分（利益）に課税されることになります。

法人税が課税されるのは、「売上」に限られるわけではありません。たとえば閉鎖した事業所の機械や倉庫等を処分するなど、本業以外にも物を販売するケースがあります。これは「売上」には含まれませんが、法人税の課税の対象となります。会社の不動産など、本業以外で資産を販売した場合も、儲けの部分に課税されるというのは同じです。販売代金から帳簿価格を差し引いて、儲けが出ていればその部分に課税されます。反対に、帳簿価格を下回っており、損失が出ていれば、その分法人税も少なくなります。帳簿価格とは、帳簿に計上されている金額のことです。購入価格から耐用年数に応じた減価償却費を控除した残額となります。ただし、故意に実際の価値よりも低い価格で販売して、損失を出すような行為は認められません。

また、自社の役員や社員、得意先などに、無償や低額で資産を販売した場合、市価で販売したとみなされ、実際の販売代金との差額について課税される場合がありますので注意が必要です。

3 収益・費用の計上のタイミングを知っておこう

発生主義の原則と実現主義の原則によって計上される

● 発生主義の原則とはどのような考え方なのか

　会社のすべての費用及び収益は、その支出や収入に基づいて計上し、その発生した期間に正しく割り当てられるように処理しなければなりません。これが発生主義の原則と呼ばれるもので、企業会計原則に規定されています。そして、前払費用及び前受収益は、当期の損益から除き、未払費用及び未収収益は、当期の損益計算に含めなければならないとしています。

　費用には、現金の支払いとサービスの提供の時期にズレが生じることがあります。この支払日とサービスのズレが決算期をはさんでいる場合に、前払費用と未払費用が計上されます。前払費用とは、継続的に受けるサービスより前に支払いをしている場合です。たとえば、今期中に来期の分まで家賃を支払っている場合でも、来期の期間に対応する家賃は前払費用として当期の費用にはできません。未払費用とは、継続的にサービスを受けているのに支払いがなされていない場合です。この場合、未払いであっても今期中に受けたサービスに対応する費用は未払費用として当期の費用に計上しなければなりません。未収収益も前受収益も、費用の場合と同様の考え方で計上されるものです。つまり、発生主義とは、現金主義（現金の受取りや支払った時に収益や費用を計上する）ではなく、発生という観点から費用及び収益を計上するという会計処理の考え方です。

● 実現主義とはどのような考え方なのか

　「企業会計原則」などでは、商品等の販売は実現したものに限ると

規定しています。これを実現主義の原則といいます。つまり、売上などの収益については、発生しているだけではダメで、実現していなければ計上できないということです。たとえば、物の引渡しを要するものは「引渡しのあった日」、役務の提供を要するものは「役務の提供の完了した日」に収益の実現があったものとして計上します。

「引渡しのあった日」をいつの時点とするかは、商品等の性質、取引の形態等によって違いがあり、次の①〜④の計上基準から選択し、毎期継続適用しなければなりません。ただし、令和3年4月1日以降開始する事業年度より、「収益認識に関する会計基準」が、会計監査を受けていない一部の中小企業を除き強制適用されています。この基準は、顧客にとって商品などの「資産に対する支配を獲得した時」に売上を計上すると定めているため、会計上は取引条件によって実態に即した処理方法が必要とされます。

① 出荷基準（商品の出荷時）
② 検収基準（相手方の検収時）
③ 使用収益開始基準（相手方が使用収益することができることとなった日）
④ 検針日基準（検針等により販売数量を確認した時）など

■ 収益・費用の計上時期

- **発生主義** ---- 現金主義で計上するのではなく、発生した期間に正しく割り当てる会計処理
- **実現主義** ---- 収益が実現した時点で計上する会計処理
  - （実現の日）
    - 物の引渡しを要するもの → **引渡しのあった日**
    - 役務の提供を要するもの → **役務の提供の完了した日**
  - **引渡しのあった日**
    ※毎期継続適用する
    - 出荷基準
    - 検収基準
    - 使用収益開始基準
    - 検診日基準

Q 収益や費用はどの時点で計上しますか。また、注意すべきケースなどがあれば教えてください。

A 収益や費用の計上時期については、法人税法上においても決まりがあります。これは、課税を逃れるための恣意的な操作ができないようにするためです。もし、会社側の意思で計上時期を自由に操作されてしまえば、課税に不公平性が生じてしまうからです。

収益や費用の計上時期ですが、原則として、商品等を販売した場合は引渡日、サービスの提供では完了日、その他の費用などの場合は支払確定時に計上することになっています。家賃や地代などの場合、賃貸契約に基づいて支払期日の到来したものを計上することになります。

さらに、商品等の販売の場合では、引渡日をいつと認識するかという問題がでてきます。引渡日については、たとえば、納品伝票作成時、出荷時、検収時、輸出の場合は船積み完了時など、実は複数の基準が認められています。会社側は、これらの中から実態に適した基準を選択することができます。

ただし、当然ですが、一度選択した計上基準は、毎期継続して適用する必要があります。特に決算期末においては、売上が今期と翌期のいずれに属するかで、税金も大きく変わってくる場合があります。また、計上漏れが税務調査などで判明した場合、差額よりも多くの税金が追徴課税されてしまいます。当期に計上すべき金額にもれがないか、十分チェックを行う必要があります。

ところで、商品に引き換えることのできる商品券などを発行し、販売している場合については、原則として商品券の引換えにより商品を引き渡した時点での計上となります。ただし、有効期限内または発行した事業年度末から10年間で使用されていなければ、その時点で税務上益金として計上する必要があります。

前払費用と短期前払費用の取扱いについて教えてください。

　49ページで前述したように、前払費用とは、継続的に受けるサービス（家賃、保険料など）に対して当期中に支払った費用のうち、翌期以降に対応する分をいいます。つまり、経費の前払いです。翌期以降に対応する支払分については、当期の時点ではサービスの提供を受けていないことから、費用としては認識しません。適切な期間損益計算のために、前払費用として翌期に繰り延べます。この考え方は、会計上も法人税上も同じです。

　一方で、会計上と法人税上で前払費用の取扱いが異なる点があります。それは、短期前払費用に関する取扱いです。短期前払費用とは、前払費用の中でも、支払った日から1年以内にサービスの提供を受けるものをいいます。たとえば、支払った月が10月末の場合、翌期の10月までに受けるサービスの前払いは短期前払費用に該当しますが、翌期の11月までに受けるサービスの前払いは短期前払費用としては取り扱われません。法人税法上、この短期前払費用に関しては、支払った日の属する事業年度において損金の額に算入することができるのです。会計上は、サービスの提供を受ける前に、短期前払費用も含め前払費用を費用として認識することはできません、そのため、この点において法人税法上と取扱いが異なることになります。

　ただし、短期前払費用を損金の額に算入するためには、この処理方法を継続して適用しなければなりません。当期に短期前払費用を損金に算入する処理を行った会社は、翌期に業績が悪化していたとしても引き続き短期前払費用を損金の額に算入しなければなりません。毎期の会社の業績に応じて、処理を変更することができない点に注意が必要です。また、複数年分の前払費用のうちの1年分のみを短期前払費用として損金の額に算入することもできません。

法人税の課税対象と税率について知っておこう

各事業年度の所得に対して課税され、中小法人には特例として一部に軽減税率が適用される

● どのような所得に課税されるのか

　法人税は、基本的には各事業年度の所得（課税所得）に対して課税されます。

　この他、「グループ通算制度」も適用することができます。この制度は、100％の子会社を含めた会社グループでの法人税計算の調整を行うことができるため、赤字の子会社があった場合には、親会社や他の子会社の黒字との相殺を通じて、グループ全体の法人税を減らすことができます。グループ通算制度を適用するには、事業年度開始日の3か月前までに、全法人の連名で親法人の所管の税務署へ申請し承認を受ける必要があります。

● 法人税の税率

　各事業年度の所得に対する法人税は、その事業年度の法人の所得（利益）に税率を掛けて求めることになっています。

　具体的な税率は、その法人の種類と資本金の規模及び所得金額によって決められています（次ページ）。法人税の税率は、普通法人の場合は原則一律23.2％です。ただし、これで算定した法人税額からさらに10.3％を掛けた地方法人税がかかるので、法人税と地方法人税を合わせると約25.59％の税率ということになります。

　なお、期末資本金が1億円以下で、資本金5億円以上の大法人に完全支配されていないような中小法人等については、特例として一部に軽減税率が適用（令和7年3月31日までに開始する事業年度について適用）されます。人格のない社団等及び公益法人等については、他の

法人と異なり、各事業年度の所得のうち収益事業から生じたものに対してのみ法人税が課税されます。

● 特に高い法人税率が課されることもある

資本金1億円超の一定の同族会社が一定の限度額を超えて各事業年度の所得を留保した場合には、通常の法人税の他、その超える金額に応じた特別税率による法人税が課税されます。これは、同族会社の場合、役員が賞与や配当を受け取ると所得税や住民税がかかるため、あえて会社に利益を貯めておき、課税を免れる行為を防ぐための措置です。

また、法人が支出した金銭のうち、使途のはっきりしないものは、使途秘匿金の支出額に対して40%の特別税率による法人税が課税されます。

■ 法人税の本則税率

法人の種類	所得金額の区分		税率 原則	中小企業者等の特例(注)
普通法人	中小法人	年800万円以下の金額	19%	15%
		年800万円超の金額	23.2%	23.2%
	大法人	所得金額	23.2%	―
協同組合等		年800万円以下の金額	19%	15%
		年800万円超の金額	19%	19%
		特定の協同組合等の年10億円超の金額	22%	22%
公益法人等		年800万円以下の金額	19%	15%
		年800万円超の金額	19%	19%
特定の医療法人		年800万円以下の金額	19%	15%
		年800万円超の金額	19%	19%
人格のない社団等		年800万円以下の金額	19%	15%
		年800万円超の金額	23.2%	23.2%

(注) 中小企業者等の税率の特例は令和7年3月31日までに開始する事業年度に対して適用

税額控除について知っておこう

所得税額控除や政策目的に基づく税額控除などがある

● 税額控除とは

　納付すべき法人税を計算する際に、法人税の課税所得金額に税率を掛けた法人税額から直接控除するものを税額控除といいます。税額控除には、以下の目的から設けられています。

① 二重課税を排除する目的から設けられているもの

・所得税額控除

　法人が支払いを受ける利子等や配当等について、所得税法の規定により源泉徴収された所得税額は、法人税の前払いとして、法人税額から控除することができます。これを所得税額控除といいます。

・外国税額控除

　日本の法人税法は、内国法人については、その所得の生じた場所が国内であるか国外であるかを問わず、すべての所得の合計額に課税することとしています。一方、その所得が生じた場所が国外である場合には、外国でも課税を受けているのが一般的です。そのため、国際的な二重課税という問題が生じます。このような国際間における二重課税を排除する目的で、外国税額控除が設けられているのです。控除できる外国税額には、限度額が設けられています。負担した外国税額のうち、この控除限度額までを納付すべき法人税から控除できるわけです。

　控除限度額は、控除前の法人税額を基礎に計算します。まず、当期の所得金額のうち国外所得金額の占める割合を算出し、この割合を法人税額に掛けたものが控除限度額です。国外所得金額は、実際には外国で課税されていない所得があれば除外します。つまり、国外所得金額の割合が少なくなるため、控除限度額も少なくなるということです。

第2章　法人税の基本　55

この限度額を超えない範囲内で、外国税額控除が適用されます。
② 政策目的から設けられているもの
・租税特別措置法による税額控除
　この他、その時々の投資促進や雇用促進など政策目的のため、租税特別措置法で臨時的に税額控除を設けることがあります。代表的なものとしては、国内雇用者に対する給与支給額を増加させた場合に一定の金額が控除できる賃上げ促進税制や、一定の研究開発投資を行った場合に控除ができる研究開発税制などがあります。税額控除は、直接納めるべき法人税額から控除できるものですから非常に有利な規定です。税制改正の際には、改正項目の中に税額控除の内容が盛り込まれているかどうか確認しておくことが大切です。

■ 所得税額控除

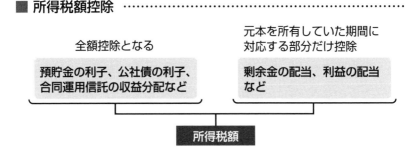

■ 外国税額控除（控除の対象となる外国法人税額）

特別償却・特別控除について知っておこう

多くの特別償却・割増償却の適用が認められている

● 特別償却・割増償却とは何か

　特別償却とは、特定の機械や設備を購入し利用した場合に、税法で認められた通常の償却額に加えて、取得価額に一定割合を乗じて算出した金額を上乗せして償却できることをいいます。

　一方、割増償却とは、税法で認められた通常の方法による償却に加えて、通常の償却額に一定割合を乗じて算出した金額を上乗せして償却ができることをいいます。ただ、特別償却も割増償却もすべて青色申告法人であることが要件です。

　特別償却、割増償却は、初年度に普通償却と別枠で減価償却が行えるので、初年度の税負担は軽減できます。しかし、その後の減価償却費は、先取りした分だけ減少するので、期間を通算すれば、全体として償却できる額は同じですから、課税の延期措置といえます。

● 特別償却と特別控除（税額控除）

　特別控除とは、納めるべき税額から一定額を特別に控除することができる特例です。特別控除制度の多くは、前述の特別償却制度との選択適用が認められています。特別控除の適用の対象となる法人は、青色申告法人であることが要件です。

　特別償却は、償却を前倒しすることで計上する課税の延期であるのに対し、特別控除は一定額の法人税を控除する一種の免税です。長期的に見れば、通常は特別控除の方が有利です。

　では特別控除がなぜ有利なのか、具体例で見てみましょう。たとえば中小企業経営強化税制では、取得価額全額の即時償却または取得価

額の7％（一定の中小企業については10％）の税額控除の選択ができます。200万円の一定の設備等を取得した場合、特別償却を選択すると200万円を当期の損金に算入することができます。中小法人の税率を適用して15％とすると、納める法人税が200万円×15％＝30万円分少なくなることになります。ただし、翌年以後については、設備等の減価償却費は損金に算入することはできません。取得価額は、当期に全額費用化してしまっているからです。

一方、特別控除を選択すると、200万円の設備等であれば、200万円×7％＝14万円を、納めるべき法人税額から直接控除することになります。特別償却を選択した場合の30万円と比較すると、当期の節税効果は小さいといえます。ただし特別控除とは別に、取得価額200万円に対する減価償却を通常通り行うことができます。200万円分の取得価額については、長い目で見れば、耐用年数に応じて全額損金に算入することができるということです。つまり、特別控除を受けた金額については、特別償却を選択した場合よりも多く節税できたということになります。実際どちらを選択する方がよいのかについては、よく検討してみるとよいでしょう。

■ **特別償却と特別控除の比較**

●通常の償却年数が5年の場合

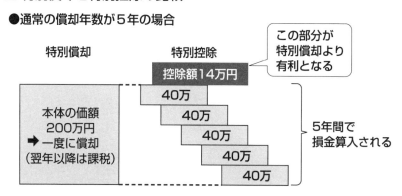

欠損金の繰越控除について知っておこう

欠損金を利用すれば法人税を少なくすることができる

◉ 欠損金とは「赤字」のことである

　欠損金とは、その事業年度の損金の額が益金の額を超える場合のマイナスの所得、つまり赤字のことをいいます。会社は継続的に事業活動を行いますので、黒字の年もあれば赤字の年もあります。このような場合に、黒字のときだけ税金が課税され、赤字のときは何の措置もないというのでは不公平です。そのため、マイナスの所得である欠損金が生じた場合には、欠損金の繰越控除という制度によって、税負担の調整を図っています。

◉ 向こう10年間に生じる黒字から控除できる

　今期の事業年度の所得金額が黒字だった場合において、その事業年度開始の日の前から10年以内に開始した事業年度に生じた赤字の所得金額、つまり欠損金額があるときは、今期の黒字の所得金額を限度として、その欠損金額を損金の額に算入することができます。これを欠損金の繰越控除といいます。つまり、欠損金が生じた場合は、将来10年間に生じる黒字の所得金額から控除することができるのです。

　ただし、中小法人等を除き、所得から控除できる金額は黒字の事業年度の所得の50％までに限られています。中小法人等とは、期末資本金1億円以下で、資本金5億円以上の大法人による完全支配関係がないなどの要件に該当する法人です。

　この制度の適用要件は、欠損金が生じた事業年度において青色申告書を提出し、かつ欠損金の生じた事業年度以降連続して確定申告書（青色申告書でなくてもよい）を提出していること、欠損金が生じた

第2章　法人税の基本　59

事業年度の帳簿書類を保存していることです。

● 中小法人は税金を還付してもらえる

今期の事業年度が赤字だった場合（欠損事業年度といいます）、その欠損金を、今期事業年度開始の日前1年以内（前期）に開始した事業年度に繰り戻して、その欠損金に相当する法人税の全部または一部を還付してもらうことができます。これを欠損金の繰戻しによる還付といいます。

この制度は、中小法人および解散など特別の事情のある法人に限り受けることができます。制度が適用されるためには、①前事業年度（前期）および欠損事業年度（当期）共に青色申告書を提出していること、②欠損事業年度の青色申告書を期限内に提出していること、③欠損事業年度の青色申告書と同時に欠損金の繰戻しによる還付請求書を提出していること、という条件を満たすことが必要です。ただし、この制度は法人地方税にはありません。還付されるのは国税である法人税の額のみです。

■ 欠損金とその調整

欠損金の繰越控除

各事業年度の開始の日前10年以内の欠損金額を各事業年度の所得の金額の計算上、損金の額に算入が可能

➡「前期赤字、今期黒字」の場合は欠損金の繰越控除が可能。
　平成30年3月31日以前に開始した事業年度で生じた欠損金額は9年以内。

欠損金の繰戻しによる還付

欠損金額を欠損事業年度開始の日前1年以内に開始した事業年度に繰り戻して還付を請求できる

➡「前期黒字、今期赤字」の場合には欠損金の繰戻しによる還付（中小法人等のみ）が可能。

圧縮記帳について知っておこう

帳簿価額を利益分だけ下げる処理方法である

● 圧縮記帳とは「課税の延期制度」である

　圧縮記帳とは、固定資産の帳簿価額を切り下げ、課税所得を小さくする方法です。圧縮記帳は、法人税法で規定しているものと、租税特別措置法で規定しているものがあります。

　代表的なものとしては、法人税法では、①国庫補助金や保険金等で固定資産等を取得した場合、②不動産の交換により一定の固定資産等を取得した場合の圧縮記帳があり、租税特別措置法では、①収用等により資産を取得した場合、②特定資産の買換え等により資産を取得した場合の圧縮記帳があります。

　たとえば、国や地方自治体から国庫補助金等をもらって、機械を購入したとします。国庫補助金が500万円で、機械の取得価額が600万円、この場合、受給した国庫補助金500万円は会社の収益に計上され、税金が課税されます。一方、機械の取得価額600万円は固定資産に計上され、耐用年数に応じて毎期減価償却費が計上されます。国などが補助金を支給するということは、その対象となる設備投資等を国などが将来期待できるものと判断しているからです。

　このような目的があるにもかかわらず、その補助金に税金が課税されてしまったらどうなるのでしょうか。法人税や住民税、事業税などで補助金の約30％は税金で減ってしまうので、これでは機械の購入が困難になってしまいます。

　そこで考えられたのが圧縮記帳です。圧縮記帳によれば、この例でいうと、600万円で取得した機械の価格を500万円圧縮することができ、機械の帳簿価額は100万円になるということです。補助金の額500万円

第2章　法人税の基本　61

相当額を圧縮損として損金に計上し、同額を機械の取得価額から控除するわけです。

このように圧縮記帳とは、会社の利益を減らし税金を軽減する有利な制度です。これ以外の圧縮記帳も考え方はすべて同じです。

ただし、圧縮記帳によった場合は、一時的に税金は軽減されますが、いずれその軽減された税金分は取り戻されることになります。なぜなら、圧縮記帳により機械の簿価は100万円に下がっているため、毎期計上される減価償却費は600万円のときと比べて少なくなります。ということは、利益が多くなり、結果として税金も多くなるわけです。このため圧縮記帳は、課税が免除されたのではなく、長期的には圧縮記帳を行う場合とそうでない場合での課税に与える影響額を合計すると変わらないため、特別償却（57ページ）と同様に単に「課税の延期」をしてもらえる制度ということができます。

また、途中で売却したときも、簿価が圧縮されている分、売却益が多くなり、税金も多くなる結果となります。

■ **圧縮記帳の関係図**

同族会社について知っておこう

3つの株主グループに50%超保有されている会社である

● 同族会社とは

　一般に同族会社とはオーナーが社長となっている会社のことを指します。法人税法は、同族会社についてさらに細かく定義しています。法人税法における同族会社とは、3人以下の会社の株主等と、それら株主等と特殊関係にある個人・法人（株主グループ）の持つ株式総数または出資の合計額が、その会社の発行済株式総数または出資総額の50％を超える会社のことです。

● 同族会社の行為または計算の否認とは

　同族会社は、上場会社等と比較すると個人的色彩が強く、恣意的な経営が行われやすいといえます。こうした行為の多くについては、法人税法において損金算入が認められない規定（否認規定）が設けられています。たとえば、過大な役員給与の損金不算入なども、恣意的な経営を牽制する役割を担っているといえます。

　しかし、中にはいずれの否認規定にも該当しない行為もあります。そのような行為について、課税上弊害がある場合の抑止力としての役割を果たしているのが、同族会社の行為または計算の否認規定です。

　つまり、同族会社が行った行為・計算が租税回避につながると認められる場合、通常の法人が行う行為・計算に引き直して所得計算を行うという規定です。したがって、法令上や企業会計上で有効だとしても、税務上は否認されるといったケースも起こり得ます。

第2章　法人税の基本　63

● 同族会社の留保金課税とは

　同族会社においては、経営者がオーナーである場合が多く、会社に利益が出てもオーナー個人の所得税等のバランスから配当に回すことを避けるため、会社に利益を留保（株主に対する配当などを行わないこと）する傾向が強くなります。利益を配当するとオーナーの所得が増え、所得税が課されてしまうので、それを避けるために利益を会社内部に留保するわけです。

　しかし、それでは会社員や個人事業主との課税のバランスがとれません。そこで、留保金額が一定金額以上になると、通常の法人税とは別に10％から20％の特別の法人税が課税するという規定が設けられています。これを同族会社の留保金課税といいます。

　同族会社の留保金課税が課されるのは、特定同族会社（1株主グループの持株割合などが50％を超える会社のこと）が必要以上の利益を内部留保した場合です。ただし特定同族会社であっても、期末資本金額1億円以下で、資本金5億円以上の大法人に完全支配されていないなどの中小企業については、適用対象から除外されています。

■ 同族会社

同族会社
（3人以下の株主グループの持株割合が50％を超える会社）

（規制）→

同族会社の留保金課税
一定金額以上の留保金額に10％〜20％の特別の法人税を課税する
※1株主グループの持株割合が50％を超える同族会社のみ留保金課税の適用あり

同族会社の行為計算否認
恣意的な課税回避行為を否認する

第3章

法人税の収益・費用の中身

益金はどのように計算するのか

「益金」は基本的には企業会計の「収益」と一致する

● 益金とは

　法人税法における「益金の額」は、原則として、「一般に公正妥当と認められる会計処理の基準」に従って計算されます。

　つまり、益金の額とは、基本的には企業会計における収益の額（売上高、受取利息など）ですが、この収益の額に法人税法の目的に応じた一定の調整を加えた金額となります。

　法人税法では、益金の額を次のように規定しています。

① **資産の販売による収益の額**

　商品や製品の販売による収益のことで、損益計算書では売上高に該当します。

② **有償または無償による資産の譲渡による収益の額**

　固定資産（土地、建物、機械など）や有価証券の譲渡による収益のことです。損益計算書では、営業外収益や特別利益にこれらが含まれています。

③ **有償または無償による役務の提供による収益の額**

　請負（建設業やソフトウェア制作業など）、金銭や不動産の貸付による収益のことです。損益計算書では、売上高、営業外収益に含まれます。

④ **無償による資産の譲受けによる収益の額**

　資産を無償で取得した（たとえば小売業者がメーカーの負担で陳列販売コーナーを設置してもらう）場合の収益のことです。

　なお、債務免除も、経済的価値が流入することから、この類型に含まれます。

⑤ その他の取引で資本等取引以外のものによる収益の額

①から④以外の取引から生じる収益のことです。資本等取引とは、株主からの出資によって会社の資本金や資本準備金を増加させる取引などのことをいいますが、この資本等取引は、益金とは無関係です。

無償による資産の譲渡や役務の提供を益金とするのは、法人税法独特の考え方です。常識的には益金と考えられませんが、いったん資産を譲渡し、その譲渡代金を相手に手渡したと考えます。つまり、いったん収益が実現してすぐさま費用あるいは損失が発生したと考えるわけです。

法人税法にこのようなルールがある理由は、益金と損金の性格を別々に考えなければならない点にあります。

たとえば、会社がその土地を役員に贈与した場合、正当な代金を収受したものとしてその代金を役員に賞与（損金）として支給したと考えます。この考え方により、実際に売却しその代金を賞与として支給した場合との、課税の公平性を保つことができるわけです。

なお、厳密には役員賞与は税務上原則として損金不算入であるため、この土地を役員に贈与する行為は、①まず土地を売却したとみなして発生する売却益が益金となり、②次にこれを役員に贈与した際に発生した費用（賞与）が損金不算入（39ページ）として税務調整（加算）される、ということになります。

● 益金の範囲はどこまでか

益金の額に算入すべき金額は、「別段の定め」があるものを除き、資本等取引以外の損益取引（損益に関係する取引）から生ずる収益が益金の額になります。つまり法人税法上の益金は、「別段の定め」を除けば、企業会計上の収益と何ら変わりがないということです。会社で確定した決算の数字を基礎に、「別段の定め」として諸政策等に基づく独自の調整を行い、「所得金額」を計算するしくみになっていま

す。益金の額を計算する上での「別段の定め」には、「益金算入」と「益金不算入」があります。

「益金算入」とは、企業会計上の収益として計上されていないが、法人税法上益金として計上する項目です。会社更生計画に基づいて行う評価換えに伴う評価益などがあります。

一方、「益金不算入」とは、企業会計上の収益として計上しているが、法人税法上益金として計上しない項目です。たとえば、受取配当等の益金不算入、還付金等の益金不算入などがあります。

受取配当等の益金不算入は、配当の支払法人と受取法人の二重課税を避けるために設けられています。法人が支払う配当金については、支払法人側ですでに法人税が課税されており、配当を受け取った法人側で益金に算入すると、重複して課税されることになってしまうからです。

還付金等の益金不算入は、還付された税金は益金に算入されないという意味です。法人税・住民税の本税等は損金不算入ですので、反対に還付された場合も同じ扱いにする必要があるからです。

■ 益金の範囲

- 資産の販売による収益の額
- 有償または無償による資産の譲渡による収益の額
- 有償または無償による役務の提供による収益の額
- 無償による資産の譲受けによる収益の額
- その他の取引で資本等取引以外のものによる収益の額

＋

別段の定め（益金算入、益金不算入）

損金はどのように計算するのか

「損金」は原則として企業会計の「費用」と一致する

● 損金とは

　法人税法における「損金の額」は、原則として、「一般に公正妥当と認められる会計処理の基準」に従って計算されます。

　つまり、損金の額とは、基本的には企業会計における原価、費用、損失の額（売上原価、給与、支払利息など）ですが、この費用の額に法人税法の目的に応じた一定の調整を加えた金額となります。

● 損金の範囲はどこまでか

　法人税法では、損金の額に算入すべき金額は、「別段の定め」があるものを除き、次に掲げる金額とすると規定しています。
① 　その事業年度の売上原価、完成工事原価等の原価の額
② 　その事業年度の販売費、一般管理費その他の費用の額（償却費以外の費用でその事業年度終了の日までに債務の確定しないものを除く）
③ 　その事業年度の損失の額で資本等取引以外の取引に関するもの

　①は企業会計上の売上原価その他の原価の額、②は企業会計上の販売費及び一般管理費、営業外費用、③は企業会計上の臨時的に発生した特別損失のことです。つまり、法人税法上の損金は、「別段の定め」を除けば、企業会計上の費用や損失と何ら変わりがありません。③における資本等取引とは、会社の行う減資や剰余金の配当に関する取引などを指します。これらは、損益取引に含めるものではありませんので、除外しているのです。

　また、法人税法においては、費用を計上する際には、償却費以外の

費用は債務の確定しているものに限定しています。債務の確定とは次の要件のすべてに該当することをいいます。
・期末までにその費用に対する債務が成立していること
・期末までにその債務に基づく具体的な給付をすべき原因となる事実が発生していること
・期末までに金額を合理的に算定できること

企業会計においては発生主義や保守主義の原則（予想される費用は早期に計上する）などから、費用の見越計上や引当金の計上を積極的に行わなければなりません。

一方、法人税法が債務確定基準を採用しているのは、課税の公平を図るためです。

●「別段の定め」について

法人税法は、会社の確定した決算を基礎に、課税の公平や諸政策等に基づく独自の調整項目による調整を行って、「所得金額」を計算するしくみをとっています。税法では、この調整項目を「別段の定め」として規定しています。損金の額を計算する上での調整項目は、「損金算入」と「損金不算入」です。申告調整の際、損金算入は利益から「減算」、損金不算入は利益に「加算」して、所得金額を計算します。

損金算入とは、企業会計上の費用として計上されていないが、法人税法上損金として計上する項目です。具体的には、この項目には、①国庫補助金等で取得した固定資産等の圧縮額、②災害により生じた損失に関する欠損金額、③収用換地処分等の特別控除、④繰越欠損金などがあります。

一方、損金不算入とは、企業会計上の費用として計上しているが、法人税法上損金として計上しない項目です。この項目には、①減価償却資産及び繰延資産の償却超過額、②資産の評価損（一定の場合を除く）、③寄附金及び交際費等の損金不算入額、④法人税、住民税、罰

金等、⑤各種引当金の否認額、⑥役員給与、役員退職金の過大支払分などがあります。

たとえば③の寄附金及び交際費等の損金不算入ですが、企業がその事業を営む際に、交際費や寄附金を支出することは一般的に不可避と考えられます。したがって、企業会計上、交際費や寄附金の支出が費用となることについては特に問題はありません。

これに対して、法人税法では、交際費及び寄附金については、その性質上会社の売上獲得に直接結びつくものではなく、基本的には損金算入を制限すべきと考え、その全部または一部が損金不算入となる制度が設けられています。また、このような支出に歯止めをかけることによって、税収を確保することも大きな目的です。

なお、この別段の定めは、前述した益金よりも損金の場合の方が多くの規定が設けられています。

■ 損金算入における別段の定め

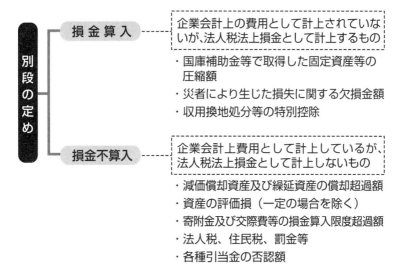

損金経理とはどのようなものなのでしょうか。

損金経理とは、会社が決算において費用または損失として経理することをいいます。法人税算定の基礎となる課税所得を計算するにあたり、課税所得を減少させる費用や損失は損金の額に算入されます。しかし、この損金の額に算入できる項目の中には、損金経理が前提となっているものがあります。つまり、会社が決算において費用または損失として処理していなければ、課税所得を計算する上でも損金の額に算入することができないのです。具体的な例としては、役員に支給する退職金が挙げられます。役員退職金は、株主総会の決議等によって役員の退職金額が具体的に確定した事業年度において、適正な額を損金に算入するとされています。

ただし、特例として、会社が役員に対して退職金を実際に支払った事業年度においても、損金経理を行っている場合は、損金の額に算入することが認められているのです。裏を返せば、会社が役員に対して退職金を支払った事業年度においても、決算上役員退職給与を計上していなければ法人税の計算上も損金の額に算入することはできません。役員退職金以外では、固定資産の減価償却費についても損金経理が損金の額に算入するための要件になっています。減価償却費については、償却限度額の範囲内で、決算上費用に計上された金額が法人税計算上も損金として算入されます。

一方で、損金経理をしていなくても、法人税を計算するにあたり損金の額に算入できるものもあります。このような項目は、たとえ決算書上で費用または損失に計上していなかったとしても、申告書上で損金の額へ算入する調整ができます。たとえば、事業税は損金経理したかどうかに関わりなく申告書を提出した事業年度に損金算入されるため、前期分や中間申告分の事業税は損金の額に算入されます。

会社が支払った保険料は、法人税法上どのように取り扱われるのでしょうか。

　会社は、役員や従業員が事故にあった場合や病気となった場合のリスクに備え、生命保険に加入しています。法人税法上、この支払った生命保険料の取扱いはどうなるのでしょうか。生命保険にも定期保険や養老保険、終身保険などがありますが、その生命保険が掛け捨て型か貯蓄型か、また保険金を誰が受け取るかによって、法人税法上の取扱いも変わってきます。

　まず、掛け捨てとなる保険料について見てみましょう。役員や従業員が死亡したときのみ保険金が支払われる定期保険などが、これに該当します。基本的に、掛け捨て保険の保険料は、法人税法上損金に算入されます。ただし、定期保険について、中途解約した場合に受け取る解約返戻金の割合が高い（解約返戻率が50％を超える）などの一定の場合には、たとえば保険期間の当初は支払った保険料の40％あるいは60％しか損金算入が認められないなどの制約があります。

　次に、積立型の保険について保険料の取扱いを見てみましょう。死亡時または満期時に保険金を受け取る養老保険が積立型保険に該当します。この積立型の保険の場合は、保険金の受取人が誰かによって法人税法上の取扱いも変わってきます。死亡時、満期時共に会社が保険金を受け取る契約内容である場合は、支払った保険料は資産計上されます。つまり、支払った保険料を損金に算入することはできません。死亡保険金及び満期保険金共に役員、従業員またはその遺族が受け取ることになっている場合は、その役員や従業員の給与として取り扱われます。死亡保険金を役員または従業員の遺族が受け取り、満期保険金を会社が受け取る契約となっている場合は、支払った保険料の2分の1は損金の額に算入され、残りの2分の1は資産計上されます。

第3章　法人税の収益・費用の中身

Q 通勤費や海外出張費用は法人税法ではどのように取り扱われるのでしょうか。

A 通常、従業員は、給料とあわせて通勤費を受け取っています。従業員の立場からすると、通勤費に関しては非課税限度額までは所得税がかからないことになります。では、会社の立場では通勤費はどのような扱いになるのでしょうか。通勤費を受け取った従業員側で所得税がかかる、かからないにかかわらず、会社は支払った通勤費を必要経費として損金の額に算入することができます。通勤費にかかわらず、給料など、従業員に支払われるものは基本的に損金の額に算入されます。

では、従業員に支払われる海外出張費用に関しても、通勤費のように損金の額に算入することができるのでしょうか。仕事で海外に渡航すると、旅費や宿泊費などがかかります。業務の遂行上必要なものであり、かつ、通常の業務に必要とされる範囲内であれば、それらの費用を必要経費として損金の額に算入することができます。一方で、業務の遂行上必要とされないような観光等に関わる費用は、原則として従業員の給料として扱われます。

問題は、業務上必要とされる費用と業務とは関係のない観光にかかる費用が混在している場合です。この場合は、業務に従事していた日数の割合等（業務従事割合）により、海外出張費用を按分します。業務従事割合は、以下の算式により求められます。

$$業務従事割合 = \frac{業務の遂行上必要と認められる期間}{業務の遂行上必要と認められる期間 + 観光をした期間}$$

海外出張費用が旅費に該当するかどうかを判定する際は、団体旅行の主催者や旅行目的、参加者の氏名等を具体的に説明する資料に基づき、海外視察等の動機や参加者の役職、業務への関連性などを十分に検討する必要があります。

3 売上原価とはどのようなものなのか

一会計期間に販売された商品の仕入原価である

●売上原価とは販売した商品の仕入原価の合計である

売上原価とは一会計期間の商品の売上総額に占める仕入の価格の総額のことです。一会計期間に仕入れた商品の仕入高がすべて売上原価となるのではありません。期末に残っている商品は在庫となり、商品として資産計上されますので、販売された商品に対する仕入価格の総額が売上原価となります。この関係を算式で示せば以下のとおりです。

> 売上原価 ＝ 期首商品棚卸高 ＋ 当期商品仕入高 － 期末商品棚卸高（商品の数量×単価）

この算式において、期首商品棚卸高は前の期間で算出した金額を、当期商品仕入高は購買実績をもとに求めることができます。そこで、期末商品棚卸高が算出されれば一会計期間の売上原価が算出できることになります。期末商品棚卸高を算出する方法には、3通りあります。

① 継続記録による方法

商品ごとに仕入計上の記録（数量と単価）をすると共に、出荷の時点（その商品の売上が計上されたとき）にその払出数量と金額を記録しておく方法です。

一会計期間の全商品の払出金額合計が、その会計期間の売上原価となります。個々の商品の仕入値は、一定している場合もあれば常時変動する場合もあります。出荷商品の原価を把握するためには、その商品にどの時点の仕入値をつけるかが問題となります。方法としては、先入先出法・移動平均法などが一般的に使われています。

② **実地棚卸による方法**

　期間中は受払いの管理はせず、期末に実地棚卸を行い、実際に商品を数え、それに一定の仕入値を掛けることで在庫金額を把握します。

③ **継続記録による方法と実地棚卸による方法の併用**

　実地棚卸による方法のみでは、商品のロス部分なども自動的に売上原価に含まれてしまい、正常な売上原価との区別ができなくなる可能性があります。したがって、継続記録による方法と実地棚卸を併用して、本来の在庫金額と実地棚卸高との差異を明らかにすることにより、精度の高い在庫管理が可能となります。

　なお、中小零細企業の場合、実地棚卸のみで在庫金額を把握しているのが実情です。個々の在庫の単価は「最終仕入原価法」といって、実地棚卸日から一番近い時点に仕入れたときの単価を使っている場合が多く、もし実地棚卸日の直前に商品単価が異常に変動すると、正常な仕入単価で購入した商品在庫も期末では異常な単価で評価されてしまうという問題点があります。

■ **売上原価の算出方法**

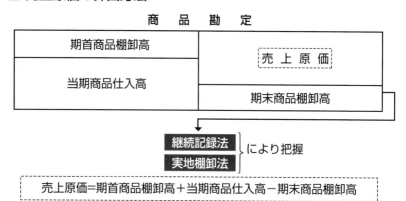

棚卸資産（商品・在庫）の評価について知っておこう

棚卸資産の評価イコール「売上原価」の確定である

● 棚卸資産をどう評価するか

　決算時期になると、スーパーなどで「棚卸作業のため、本日の営業時間は…」という広告を見かけます。

　棚卸の目的は、商品の在庫を調べるということと同時に、「売上原価」を確定させるという目的があります。「売上高」に対応する「売上原価」は、[期首商品棚卸高＋当期商品仕入高－期末商品棚卸高] で求めることができるので、期末商品の棚卸高をいくらにする（いくらで評価する）かによって売上原価の金額が違ってきます。売上原価が違ってくるということは、「売上総利益（粗利）」に影響を与えるということです。売上総利益（粗利）は、売上高から売上原価を差し引いて求めるからです。

　このように、期末商品の評価額によって利益が違ってきますので、税法では、この棚卸資産の評価方法の種類を定めていて、税務署にどの評価方法を採用するか届け出るようにしています。

● 棚卸資産の評価方法はいろいろある

　税法では、棚卸資産の評価方法を「原価法」と「低価法」に大別し、さらに「原価法」を6つに区分しています。具体的には①個別法、②先入先出法、③総平均法、④移動平均法、⑤最終仕入原価法、⑥売価還元法の6つです。「低価法」とは、「原価法」により算出した取得価額と時価のいずれか低い価額をもってその評価額とする方法です。

　一方、企業会計上は、トレーディング目的で保有する場合は時価で評価し、通常の販売目的で保有する場合は取得価額と正味売却価額

第3章　法人税の収益・費用の中身

(時価から見積追加製造原価及び見積販売直接経費を控除した額)のいずれか低い価額で評価するため、会計と税法で処理に差が生じる場合には税務調整が必要になります。

■ **棚卸資産の評価方法**

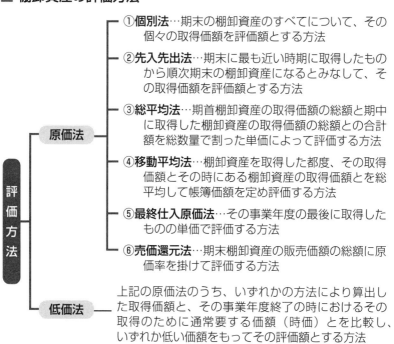

※企業会計上は、トレーディング目的保有の場合は時価法、通常の販売目的保有の場合は取得価額と正味売却価額のうち低い価額で評価

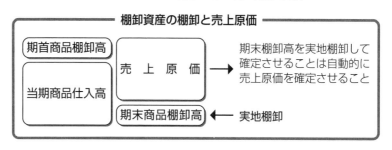

有価証券の評価について知っておこう

「売買目的有価証券」と「それ以外の有価証券」で評価方法が異なる

● 有価証券はどのように評価されるのか

　有価証券は、法人税法上所有目的に応じて、①売買目的有価証券、②満期保有目的等有価証券、③その他有価証券の3つに区分し、所有目的ごとに評価されることになっています。

　①売買目的有価証券に該当するのは、トレーディング業務を日常的に行う専門部署が特定の取引勘定を設けて売買を行う場合の有価証券です。具体的には、主に金融機関が適用の対象となります。また、一般の事業会社が短期的な有価証券投資を活発に行い、そのことがわかる勘定科目を設けている場合も売買目的有価証券に該当します。

　②満期保有目的等有価証券には、「償還期限の定めのある有価証券のうち満期まで保有する目的で取得したもの」の他、「企業支配株式」といわれる有価証券が該当します。「企業支配株式」とは、株式会社の特殊関係者等が保有する株式のことで、発行済株式総数の20％以上を保有する場合のその株式のことをいいます。

　③その他有価証券は、売買目的有価証券にも満期保有目的等有価証券にも該当しない有価証券です。一般の事業会社において、売買目的有価証券に区分される有価証券が少ないことを考えると、多くの有価証券がこれに該当することになります。

● 有価証券の評価方法は種類によって異なる

　売買目的有価証券の評価方法は、「時価法」（期末時点の価格による評価法）によります。満期保有目的等有価証券の評価方法は、「償還期限・償還金額の定めのある有価証券」と「企業支配株式」とでは異

なっています。その評価方法は、償還期限・償還金額の定めのある有価証券が「償却原価法」、企業支配株式が「原価法」です。「その他有価証券」の評価は「原価法」により行われます。

なお、法人の有する有価証券のうち「上場有価証券」について「価額の著しい低下」があった場合、「上場有価証券以外の有価証券」について「発行法人の資産状態が悪化したため、価額の著しい低下」があった場合には、有価証券の評価損の損金算入が認められます。

一方、企業会計上の有価証券の区分は、ⓐ売買目的有価証券、ⓑ満期保有目的の債券、ⓒ子会社株式及び関連会社株式、ⓓその他有価証券の4つであり、評価方法も法人税法とは若干異なっています。たとえば、企業会計上は、その他有価証券の評価は時価法で行い、時価と取得原価との評価差額については、次のいずれかの方法で処理することが求められています。

・評価差額の合計額を貸借対照表の純資産に直接計上する
・時価が取得原価を上回る銘柄に対する評価差益は貸借対照表の純資産に直接計上し、時価が取得原価を下回る銘柄に対する評価差損は損益計算書に評価損として計上する

■ **有価証券の評価方法**

所有目的により評価方法が決まる		
売買目的有価証券		時価法
満期保有目的等有価証券	償還期限・償還金額のある有価証券	償却原価法
	企業支配株式	原価法
その他の有価証券		原価法

※企業会計上は、売買目的有価証券、満期保有目的の債券、子会社株式及び関連会社株式、その他有価証券の4つで分類

受取配当等の益金不算入について知っておこう

株式の保有割合等により益金の不算入割合が異なる

● 受取配当等の益金不算入とは

前述したような有価証券などの発行会社から受け取った配当金については、会社の課税所得から、受け取った配当金の一定額を控除することができます。これを受取配当等の益金不算入といいます。

そもそも配当金とは、会社が生み出した利益から税金を支払い、その残りを株主に分配したものです。そのため、それらの株主が受け取った配当金についても税金がかかるとなれば、二重に課税されることになってしまいます。この二重課税の弊害を排除するために、「受取配当等の益金不算入」をする必要があるのです。

受取配当等には、株式会社などでの剰余金の配当として受け取る他、投資信託の金銭の分配や、資産の流動化に関する法律に基づく一定の金銭の分配も含まれます。

● 益金不算入額の計算

受取配当等は、必ずしも全額が課税所得から控除できるわけではありません。株式の保有割合等に基づき、次の4つの区分により受取配当等の控除額が変わります。

① 完全子法人株式等

株式等保有割合が100％のものであり、受け取った配当金の全額が益金不算入になります。

② 関連法人株式等

株式等保有割合が1/3を超えるものであり、受け取った配当金の全額から、関連法人株式等の取得に要した借入金等の利子を控除した額

が益金不算入になります。

③　その他の株式等

　株式等保有割合が５％超1/3以下のものであり、受け取った配当金の50％が益金不算入になります。

④　非支配目的株式等

　株式等保有割合が５％以下のものであり、受け取った配当金の20％が益金不算入になります。

● 短期保有株式等の益金不算入の対象外

　配当金を受け取る権利が発生する基準日以前１か月以内に株式を購入し、基準日後２か月以内に売却した場合（短期所有株式等）は、その株式からの配当金は益金不算入の対象外となります。これは、個人株主が配当の支払に係る基準日の直前に株式を配当含み価額で法人に譲渡し、配当の権利確定後に配当落価額で買い戻すことにより、法人が受けるその株式等に係る配当等の額は益金不算入となり、さらに法人における買入価額と売却価額との差額は損金の額に算入されるという、配当に関する課税回避を防止するために設けられたものです。

● 外国法人から受け取る配当金

　外国法人から受け取る配当金については、上記したような４つの区分による受取配当等の益金不算入の適用はありません。これは、外国法人の利益については日本の税金を課されていないことから、二重課税を排除する必要がないためです。

　ただし、会社が、発行済株式数等の25％以上を６か月以上引き続き直接保有している外国法人等から受け取った配当金については、その95％が益金不算入となります。

減価償却について知っておこう

その年度の損益を適正に算出するのが目的である

● 減価償却とは

　建物、機械、車両運搬具など、会社が長期にわたって事業に使用する資産を固定資産といいます。これらの固定資産は、時の経過や使用状況によって古くなったり、性能が落ちたりするため、徐々にその資産の価値が減少します。このような資産を減価償却資産といいます。減価償却資産には、建物や機械のような形のある資産（有形固定資産）以外にも、たとえば特許権やソフトウェアなど、形のない資産（無形固定資産）も含まれます。

　減価償却資産の取得価額は、その使用した全期間に獲得した収益に対応する費用と考えられることから、消耗品を購入したときのように、購入したときに全額を費用にすることは、適正な期間損益を計算する上で妥当な方法ではないとして認められていません。

　処理方法としては、まず、取得したときに取得価額で資産計上し、価値の減少分を耐用年数を用いた一定の計算に基づいて、その資産を使用する各期間に費用として配分します。この毎年費用化していく手続きが減価償却です。減価償却によって費用化されるときには、実際のキャッシュの支出はありませんので、費用が計上されてもその分のキャッシュは残ります。ただし、土地や借地権、電話加入権、書画骨董などのように、時が経過してもその価値が減少しないものについては、減価償却をすることはできません。

　減価償却費の耐用年数は、企業会計上は原則としてその資産の経済的な耐用年数を会社が見積って行うことを要求しています。しかし、これを各会社の自由にまかせると、著しく課税の不公平を生じさせる

ことにつながりますので、法人税法では資産の種類と使用目的により、「耐用年数等に関する省令」で法定耐用年数を定めています。

また、資産の種類ごとに選択できる減価償却の方法を定めることによって、課税の公平を保ち、恣意性を排除しているわけです。

なお、企業会計上も著しく不合理の結果にはならない限り、法人税法に基づく耐用年数の使用を認めています。

● 定額法と定率法が最も一般的である

減価償却の方法には、定額法・定率法・生産高比例法・リース期間定額法などがありますが、償却方法として一般的なのは「定額法」と「定率法」です。

定額法は、毎年の償却費が一定となる計算方法です。償却費は、資産の取得価額を基本にして、これに償却率を掛けて計算します。ただし、平成19年3月31日以前に取得した資産の場合は、取得価額から残存価額（取得価額の10％）を控除し、償却率を掛けて計算します。

定率法は、初年度の償却費が最も多く、期間の経過に従って償却費が年々逓減（減少）する方法で、取得価額からすでに償却した累計額を控除した未償却算残高に償却率を掛けて計算します。

■ 減価償却とは

機械や建物などの価値は、使用または期間の経過により減少する
↓
取得価額を購入時に費用化するのではなく、耐用年数にわたって費用化する

会計期間Ⅰ	会計期間Ⅱ	会計期間Ⅲ	会計期間Ⅳ

↑機械等の取得価額

減価償却

なお、新たに設立した法人は、その設立事業年度の確定申告書の提出期限までに選択した償却方法を税務署に届け出ることになっています。また、平成10年4月1日以降に取得した建物については定額法を、平成28年4月1日以降に取得した建物附属設備及び構築物については法人税法上定額法を適用することになっています（鉱業用については定額法と生産高比例法との選択適用）。

● 少額の減価償却資産

　取得価額が10万円未満の資産や、1年未満で消耗してしまうような資産については、減価償却資産にはせずに、事業に使った年度の費用として全額損金に算入させることができます。

● 税務上の特別な償却方法

　法人税法上では、会計の考え方に基づいた償却方法の他に、経済対策、少子化対策など政策上の理由から、取得価額を特別に損金算入させることができる場合があります。

■ 減価償却資産の例

第3章　法人税の収益・費用の中身

資本的支出と修繕費について知っておこう

資本的支出は使用可能期間の延長、価値の増加をもたらす支出である

● 資本的支出と修繕費はどう違うのか

　建物・車両運搬具・工具器具備品等は、使用していると故障したり破損したりします。これらの症状をなるべく少なくするためには、定期的な管理あるいは改良などが必要となってきます。

　修繕費とは、今までと同様に使用するために支出する修理・維持管理・原状回復費用等をいいます。

　資本的支出とは、その資産の使用可能期間を延長させたり、またはその資産の価値を増加させたりするために支出した金額をいいます。つまり、これは修理というより改良・改装等という言葉が合うものと考えてください。

　たとえば、建物の避難階段の取付のように物理的に付加した部分にかかる金額、用途変更のための模様替えのように改装・改造に要した費用、機械の部品を取り替えることにより品質、性能をアップさせる費用などです。

　修繕費は、各事業年度において、その支出した全額を損金の額に算入します。

　資本的支出は、その支出する日の属する事業年度の所得金額の計算上、損金の額に算入することはできません。ただし、その資本的支出の金額は、固定資産計上して減価償却資産の減価償却費として損金経理（損金額への算入にあたって、あらかじめ法人の確定した決算において、費用または損失として経理を行うこと）により計算した場合には、その部分を通常の減価償却費と同様に損金の額に算入できます。

● 資本的支出と修繕費をどうやって区別するのか

実務上、その使用可能期間の延長分や資産の価値増加部分を判断することは困難な場合が多いため、次の判断基準が設けられています。

① **少額または周期の短い費用の損金算入**

1つの修理、改良等が以下のどちらかに該当する場合には、その修理、改良等のために要した費用の額は、修繕費として損金経理をすることができます。

・1つの修理、改良等の費用で20万円に満たない場合
・その修理、改良等が概ね3年以内の期間を周期として行われることが明らかである場合

② **形式基準による修繕費の判定**

1つの修理、改良等のために要した費用の額のうちに資本的支出か修繕費かが明らかでない金額がある場合において、その金額が次のどちらかに該当するときは、修繕費として損金経理をすることができます。

・その金額が60万円に満たない場合
・その金額がその修理、改良等に関する固定資産の前期末における取得価額の概ね10％相当額以下である場合

■ 資本的支出と修繕費

```
┌─────────┐       ┌──────────────────────┐
│ 修 繕 費 │------ │ 修理・維持管理・原状回復費用等 │
└─────────┘       └──────────────────────┘
                          ↓
                    ┌──────────┐
                    │ 損金算入 │
                    └──────────┘

┌─────────┐       ┌──────────────────────┐
│ 資本的支出 │----- │ 使用可能期間を延長させる支出 │
└─────────┘       │ 資産価値を増加させる支出     │
                  └──────────────────────┘
                          ↓
                    ┌──────────┐
                    │ 資産計上 │
                    └──────────┘
              （減価償却を通じて損金算入）
```

第3章 法人税の収益・費用の中身

減価償却の方法について知っておこう

定額法、定率法、生産高比例法、リース期間定額法の4種類がある

● 減価償却の方法は法人か個人かによって異なる

減価償却の方法は、法人と個人で違いがあります。

個人の場合は、強制償却といって、必ず償却限度額を減価償却費として、必要経費に算入しなければなりません。

法人の場合は、任意償却といって、計算した償却限度額以内の減価償却費の計上であれば、ゼロつまり減価償却費を計上しなくてもかまいません。ただし、今期計上しなかった不足分を翌期に計上することはできません。

● 法人税法上の減価償却方法は4種類ある

法人税法では、資産の種類によって、以下の4種類の償却方法を定めています。

① 定額法

減価償却資産の取得価額に、償却費が毎期同額となるように定められた資産の耐用年数に応じた償却率を掛けて計算した金額を、各事業年度の償却限度額とする方法です。平成19年3月31日以前に取得した資産については、償却限度額は、取得価額から残存簿価10％を控除した金額に償却率を掛けて計算します。

② 定率法

減価償却資産の取得価額（2年目以後は取得価額からすでに損金経理した償却累計額を控除した金額）に、償却費が毎期一定の割合で逓減するように定められた資産の耐用年数に応じた償却率を掛けて計算した金額を、各事業年度の償却限度額とする方法です。

なお、平成19年4月1日以降平成24年3月31日までに取得した場合は「250％定率法」、平成24年4月1日以降に取得した場合は「200％定率法」という方法によって減価償却を行います。「○％定率法」とは、定額法の償却率の○％を定率法の償却率として使用するという意味です。たとえば、耐用年数が10年の定額法の償却率は0.1ですが、200％定率法の場合には0.2（0.1×200％）を使用することになります。さらに、その期の償却額が償却保証額（取得価額×保証率）を下回ってしまう場合には、その償却額は使用せずに、下回ったその期の期首の未償却残高を取得原価と見立てて、改訂償却率を使用して、定額法と同様の計算方法によってその期以降の減価償却費を算定します。

③　生産高比例法

　鉱業用の減価償却資産と鉱業権についてだけ認められている方法で、その事業年度の採掘量を基準として償却限度額を計算する方法です。

④　リース期間定額法

　リース期間を償却年数として、リース資産の取得価額から残価保証額を控除した残額をリース期間で各期に均等に償却する方法です。

■ 減価償却の方法

償却方法	償却限度額の算式
定額法	取得価額 × 耐用年数に応じた定額法の償却率　　※平成19年4月1日以降取得分
定率法	（取得価額－既償却額）× 耐用年数に応じた定率法の償却率
生産高比例法	$\dfrac{\text{取得価額}-\text{残存価額}}{\text{耐用年数と採堀予定年数のうち短い方の期間内の採堀予定数量（見積総生産高）}} \times \text{採堀数量（当期実際生産量）}$
リース期間定額法	リース資産の取得価額 × $\dfrac{\text{当該事業年度のリース期間の月数}}{\text{リース期間の月数}}$

● 損金経理要件を満たさなければ損金に算入されない

　法人税法上、減価償却費として各事業年度の所得金額の計算上、損金の額に算入される金額は、確定した決算において減価償却費として損金経理をした金額のうち償却限度額に達するまでの金額とされています。

　損金経理の要件とは、企業会計で費用または損失として計上していないものは、法人税法上も損金算入できないというルールです。つまり、損金として認めてもらうためには、企業会計上の決算の際に必ず費用計上している必要があるということです。ある特定の支出に関して適用が義務付けられています。企業の意図的な税金調整を防ぐのが目的です。

　減価償却費の他には、たとえば、役員退職金、資産の評価損などに関しても、決算で費用または損失計上していなかった場合には、法人税の申告の際に申告調整（企業会計を、税金を計算するための会計に修正する際に損金に入れる行為）しても認められません。損金経理を適用される費用項目は、上記の他にもあり、いずれも、税法で具体的に定められています。

　一方、税法上、損金経理の適用を義務付けられていない支出に関しては、法的に債務が確定していれば、決算で費用計上していなくても、申告調整によって損金算入が認められます。つまり、税法で損金経理の適用を義務付けられていない支出の場合は、何もしなくても、法的にはすでに損金として認められているということです。

● リース取引の取扱い

　リース取引とは、以下①②の要件を満たすものをいいます。
① リース期間中の中途解約が禁止である、または中途解約をした場合の未経過期間リース料の概ね全部（90％以上）を支払うものである
② 賃借人がリース資産からの経済的な利益を受けることができ、かつ、資産の使用に伴って生ずる費用を実質的に負担すべきとされている
　このようなリース契約を締結した場合、法人税法上は売買処理とし

て取り扱われます。資産を購入するということは、その取得原価に対して減価償却を行うことになるわけですが、この時に用いられる計算方法は、そのリース資産の所有権が最終的に賃貸人のものになるのかどうかで異なります。償却額は、所有権移転リース取引の場合、その資産に応じて定額法、定率法、生産高比例法を用いて計算します。所有権移転外リース取引の場合、リース期間定額法を用いて計算します。

　ただし、リース契約1件当たり300万円以下の所有権移転外リース取引、リース期間が1年以内の取引、上場企業等以外の中小企業のリース取引については、賃貸借処理が認められています。要するに、支払ったリース料を損金として算入できるということです。

　次に、所有権が移転するのかどうかの判定方法ですが、以下のⓐ～ⓓのいずれかに該当する場合は所有権移転リース、いずれにも該当しない場合は、所有権移転外リースです。

ⓐ　リース期間終了時または期間の中途において、リース資産が無償または名目的な対価で賃借人に譲渡される
ⓑ　賃借人に対し、リース期間終了時またはリース期間の中途において、リース資産を著しく有利な価額で買い取る権利が与えられる
ⓒ　リース資産の種類、用途、設置の状況から、その賃借人のみに使用されると見込まれるものまたはその資産の識別が困難であると認められるもの
ⓓ　リース期間が、リース資産の耐用年数と比較して相当短いもの（耐用年数の70％を下回るなど）

　所有権移転外リースに該当する場合、特別償却など一定の制度の適用が受けられないので、注意が必要です。

● 特別償却と割増償却

　法人税では、一般的な減価償却の方法以外にも、特別償却、割増償却という方法が認められる場合があります。いずれも会計上の理論的

な根拠はなく、設備投資を促すなど政策上の目的で特別に認められた償却方法です。現在適用のある特別償却や割増償却の制度は様々ですが、いずれも通常の減価償却費より多めに損金算入することができ、適用した法人の納める税金が設備投資の初期段階で少なくなるようなしくみになっています。

　特別償却とは、一般的な減価償却方法に加えて一定の償却費を特別に損金算入できる方法をいいます。

　特別償却の具体例を挙げてみますと、中小企業投資促進税制があります。これは、中小企業が一定要件を満たす設備投資を行った場合に、税制面での優遇措置を受けることができるという制度です。優遇措置としては、特別償却または税額控除のいずれかを選択するという方法で行われます。特別償却を選択した場合、資産を取得した年に全額損金算入をすることができます。税額控除については55ページや57ページで説明していますが、いずれも中小企業の設備投資などを後押しするための制度といえます。

　割増償却とは、通常の計算方法による減価償却額に一定率を掛けた額を加算して割増で損金に算入できる方法です。具体例を挙げてみますと、特定都市再生建築物の割増償却という制度があります。これは、令和8年3月31日までに特定都市再生建築物（都市再生特別措置法に規定する一定の認定計画に基づき整備される建物及びその附属設備）を取得した場合に適用されます。償却限度額は、取得をして事業に使用してから5年以内の日を含む各事業年度においては、普通償却額の25％または50％増しとなります。

　これらの制度を利用すると、税制面でも非常に有利になります。手続上、添付書類や証明書を準備する必要がある場合もありますので、新しい資産を取得した際には、該当する制度はないか確認しておくとよいでしょう。

● 中小企業者の特例

　中小企業者には、減価償却に関する特例が設けられています。取得価格が30万円未満の減価償却が必要な資産（建物、機械設備など、少なくとも1年以上にわたって使用するが、年月が経過するにつれて、価値が目減りしていくもの）を取得した場合には、取得価格の全額を経費として扱うことができます。これを少額減価償却資産といいます。経費扱いできる合計金額には上限があり、300万円までです。たとえば25万円の備品を12個購入した場合、全額損金算入できるというわけです。ただし、27万円の備品を12個購入した場合、合計で324万円となるわけですが、11個分297万円が損金算入の限度額となります。したがって、12個目のうち3万円だけ、などというような部分的な適用を行うことはできません。

　なお、当期が1年に満たない場合、300万円のうち12分の月数が限度額となります。

　特例の対象となる中小企業者とは、青色申告書を提出する資本金1億円以下の法人で、資本金1億円超の大規模法人に発行済株式の50％以上保有されていないなど、一定要件を満たす法人のことです。

　この制度は、令和8年3月31日までに事業に使用した資産に適用されます。

● 一括償却資産

　一括償却とは、取得価額が20万円未満の事業用資産をすべて合算して、償却期間36か月で損金に算入していくことをいいます。要するに、取得価額総額の3分の1ずつを毎年均等に費用化していくということです。一括償却の対象となる資産を一括償却資産といいます。一括償却は、青色申告書を提出していない場合にも適用できます。

耐用年数について知っておこう

固定資産の種類、用途、細目ごとに決められている

● 法定耐用年数とは

　耐用年数とは、資産が使用（事業の用に供する）できる期間のことです。物理的な面、機能的な面などを考慮して定められます。

　本来、固定資産は、同種のものであっても、操業度の大小、技術水準、修繕維持の程度、経営立地条件の相違などにより耐用年数も異なるはずです。しかし、そうした実質的な判断を認めると、会社の都合で勝手に決めることを認めることにもつながりかねません。これでは、税の公平という観点から好ましくありません。

　そこで、税法では、原則として、個々の資産の置かれた特殊条件にかかわりなく、画一的に定めた耐用年数にすることになっています。これを法定耐用年数といいます。税務上の法定耐用年数は、「減価償却資産の耐用年数等に関する省令」（一般に「耐用年数省令」といいます）で詳細に定められています。

　ただし、稼働状況により、実際の使用期間が法定耐用年数より10％以上短くなる場合には、納税地の所轄国税局長の承認を受けて、耐用年数を短縮することが認められています。

● 中古資産の耐用年数はどうやって計算するのか

　中古資産を取得して事業に使った場合、その資産の耐用年数は、法定耐用年数ではなく、その事業に使った時以後の使用可能期間として見積もることのできる年数にします。また、使用可能期間の見積りが困難であるときは、以下の簡便法により算定した年数にすることができます。

① 法定耐用年数の全部を経過した資産

その法定耐用年数の20％に相当する年数を耐用年数とします。

② 法定耐用年数の一部を経過した資産

その法定耐用年数から経過した年数を差し引いた年数に経過年数の20％に相当する年数を加えた年数を耐用年数とします。

これらの計算により算出した年数に1年未満の端数があるときは、その端数を切り捨て、その年数が2年に満たない場合には2年とします。次に、具体的な計算例で説明します。3年8か月使用済みの普通車を中古で購入したとします。

新品の普通自動車耐用年数：6年のため、②の耐用年数の一部を経過した資産に該当します。年数を月数に直して計算式にあてはめると、

（新品の耐用年数72か月－経過期間44か月）＋（経過期間44か月×20％）＝36.8か月 ⇒ 3年0.8か月

算出した年数に1年未満の端数があるため、切り捨てて、耐用年数は3年となります。

また、その中古資産の再取得価額の100分の50に相当する金額を超える改良を行った場合など、一定の場合には耐用年数の見積りをすることはできず、法定耐用年数を適用することになります。再取得価額とは、中古資産と同じ新品のものを取得する場合の価額です。

■ 耐用年数

法定耐用年数 → 固定資産の種類・用途・細目ごとに画一的に定めた耐用年数

（課税の公平化の観点から恣意性を排除するもの）

税務上の法定耐用年数は「耐用年数省令」で詳細に定めている

リベートや広告宣伝、物流に関わる費用の取扱い

税法上費用として認められないものがある

● リベートはどのように処理するのか

「代理店などが販売目標を達成することなどを条件に、売上で受け取ったお金の中から、あらかじめ取り決めておいた金額を支給する」ことがあります。これをリベートといいます。リベート契約は、「販売報奨金」「奨励金」など、様々な名称で行われています。リベートを支払った場合は、売上割戻しとして、売上額から控除されます。

リベートを支払うと、売上高が減ることになりますので、税務上は全額損金（法人税法上、課税される収入から差し引くことができる支出）として取り扱うことができます。しかし、リベートの額の算定基準がはっきりしていないときや、社会通念上合理的とはいえない額が計上されている場合、税務当局から損金算入を否認（経理処理上は経費としているが、税法上は収入から差し引く支出とは認められないこと）されることがあります。リベート（売上割戻し）として認められない場合、交際費（99ページ）、あるいは寄附金（102ページ）とされて、損金算入額が大幅に制限されてしまうことがありますので、注意しましょう。

損金処理をするためには、まず客観的な基準でリベートの額が算定されていることが条件となりますので、契約書などの整備をしっかり行う必要があります。

● 広告宣伝費の取扱上の注意点

街頭で新製品の試供品を配る活動は、その製品の宣伝はもちろん自社のイメージアップを図る目的で行われる販売促進活動です。これらにかかる費用は広告宣伝費として処理します。

広告宣伝費は、一般消費者を対象に、抽選や購入に対する謝礼として景品を配るためや旅行や観劇に招待するために要した費用です。これに対し、特定の人々を対象に広告宣伝の目的で経費を使った場合は広告宣伝費ではなく交際費になります。広告宣伝費は、事業遂行上必要な販売促進活動に使われる費用であるため、抑制しにくい経費のひとつに挙げられます。しかし、広告宣伝の効果が売上成績に表れているかどうかの判別は非常に困難です。さらに、損金不算入となる交際費とみなされない配慮が必要ですので、支出する際には慎重さが要求されます。また、広告看板や広告塔といった形で自社の宣伝を行う場合、それにかかる費用は比較的高額になります。①使用期間が1年を超える看板代、広告塔、②10万円を超える看板代、広告塔代、については費用として処理できず、資産として計上します。
　ただし上記①、②の場合、取得価額が20万円未満までのものについては、3年間で均等償却できる一括償却資産として、広告宣伝に要した金額を費用化できます。

● 物流費の取扱いではどんなことに気をつければよいのか

　大手ネット通販会社などでは、巨大な物流センターを擁し、そこから全国にハイスピードの流通ネットワークを構築しています。物流スピード、物流品質といった言葉は日常的に使われ、私たちの社会は物流の中で成り立っています。物流にかかる経費には以下のようなものが挙げられます。
・商品出荷、引取にかかる運賃
・商品の梱包資材費、運搬資材費
・倉庫管理を外部委託した場合の委託料
　これらの物流費は、売上の増加に比例して増加するため変動費に分類されます。変動費は、売上が伸びるほど増加するため、多額に上る物流費の削減が経営管理上重要になります。物流費は財務諸表上、損

益計算書の販売費及び一般管理費に費用分類されますが、以下の場合は資産に計上して費用処理しません。

① 商品や材料等の棚卸資産の仕入に対する運賃等

棚卸資産の取得に要したその購入本体価額以外の付随費用は原則として棚卸資産の取得価額に含めて処理します。ただし、棚卸資産の取得に要した運賃等の付随費用の合計額が、購入本体価額の概ね３％以内の金額である場合は、税務上費用として処理することができます。

② 設備機械等の固定資産の購入に関する運賃等

固定資産の取得に要した運賃等の付随費用は、原則として固定資産の取得価額に含めて処理します。

①の場合、棚卸資産として計上された物流費は、その棚卸資産が外部に販売されたときに売上原価という費用に変わることで収益と対応します。②の場合、固定資産として計上された物流費は減価償却を通じて、その固定資産の耐用期間にわたって配分され、徐々に費用化されます。迅速かつ円滑な物流サービスを提供することは、時代の要請と共に、企業にとっての最重要課題のひとつです。様々な角度から、常に、物流コスト全体を見直す努力が必要だといえます。

■ **リベート、広告宣伝費、物流費の取扱い**

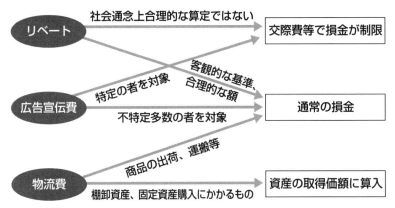

12 交際費になるものとならないものがある

冗費節約の見地から一定の金額は損金の額に算入されない

● 交際費等とは

　法人税法では、交際費等については、別段の定めにより一定の金額を損金不算入としています。そこで、交際費等の範囲が問題となります。交際費等とは、交際費、接待費、機密費その他の費用で、法人がその得意先、仕入先その他事業に関係のある者等に対する接待、慰安、贈答その他これらに類する行為のために支出するものをいいます。これらの交際費等は、法人の活動上必要な支出ではありますが、無条件に損金算入を認めてしまうのは望ましくなく、冗費節約の観点から損金算入の制限が設けられています。

● 損金不算入額はどのくらいになるのか

　交際費等の損金不算入額は、その法人が中小法人、大法人のいずれに該当するかによって異なり、以下のようになっています。

① 中小法人

　中小法人とは、期末資本金が1億円以下で、かつ、期末資本金5億円以上の法人などとの間に株式100％保有の完全支配関係がないものをいいます。この場合は、その事業年度の支出交際費等の額のうち、800万円に達するまでの金額（定額控除限度額といいます）または飲食費（1人当たり1万円以下〈令和6年3月31日以前の支出は5,000円以下〉の飲食費を除く）の50％のうち大きい額が損金算入されます。

② 大法人

　大法人とは、上記①以外の法人で、その事業年度の支出交際費等の金額のうち、飲食費（1人当たり1万円以下〈令和6年3月31日以前

の支出は5,000円以下〉の飲食費を除く）の50％が損金算入されます。ただし、資本金100億円超の法人は全額損金不算入となります。

● 交際費等に含めなくてよい費用もある

　形式的には税務上の交際費等の範囲にあてはまる場合であっても、損金不算入となる交際費等には含めなくて差し支えないという費用が、次のとおり限定的に列挙されています。

① 　専ら従業員の慰安のために行われる運動会、演芸会、旅行等のために通常要する費用
② 　カレンダー、手帳、扇子、うちわ、手ぬぐい、その他これらに類する物品を贈与するために通用要する費用
③ 　会議に関連して、茶菓、弁当、その他これらに類する飲食物を供与するために通常要する費用
④ 　新聞、雑誌等の出版物または放送番組を編成するために行われる座談会その他の記事の収集のために、または放送のための取材のために通常要する費用

　しかし、交際費と隣接費用（交際費と区別がしにくいが費用として計上できるもの）との区分が明確でないことから、実際には隣接費用

■ **交際費等の範囲**

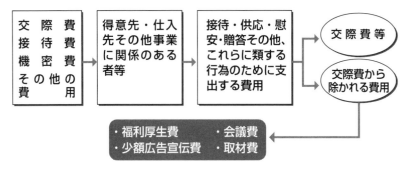

について交際費であると税務調査の際に認定されることも多く、その解釈や運用をめぐって様々な議論が行われてきました。

そこで、現在は1人当たり1万円以下（令和6年3月31日以前の支出は5,000円以下）の飲食費について交際費とは別扱いとして損金算入が認められています。

● **交際費を判断する上での注意点**

会社が支出した費用が交際費に該当するかどうかは、帳簿上での勘定科目ではなく、実質的な内容で判断されます。以下の費用については、取扱いを誤りやすいので、注意が必要です。

・販売促進費：販売に協力した取引先などに対し、金銭や物品を渡す場合があります。金銭や少額物品、自社製品は交際費に該当しません。高額物品や、旅行、観劇等への招待などは交際費に該当します。
・渡切交際費：役員などに対し、精算を要しない交際費を支給する場合、交際費ではなく給与として取り扱われます。
・タクシー代：接待などに使われたタクシー代は交際費に該当します。
・ゴルフクラブ：入会金が会社名義の場合、諸費用は交際費となります。プレー代は、業務遂行上必要なものであれば交際費となります。

■ **中小法人の損金の額に算入される交際費の額**

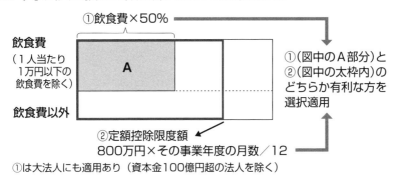

①は大法人にも適用あり（資本金100億円超の法人を除く）

第3章 法人税の収益・費用の中身

寄附金になるものとならないものがある

損金算入限度額を超えた部分は損金算入できない

● 寄附金とは

　寄附金は、反対給付を伴わない事業関連性に乏しい支出です。仮にこのような寄附金を無制限に損金として認めた場合、所得や税金の減少を招いて、結果的に国が法人に代わって寄附をしたのと同じことになるなどの理由から、一定の損金算入制限が設けられています。

　寄附金の額とは、金銭その他の資産または経済的な利益の贈与等をした場合における、その金銭の額あるいは金銭以外の資産の価額等をいいます。寄附金、拠出金等をどのような名称で行うのかは関係ありません。また、金銭以外の資産を贈与した場合や経済的利益の供与をした場合には、その贈与時の価額あるいは経済的利益を供与した時の価額が寄附金の額とされます。

　なお、一般常識に比べて明らかに低額で譲渡を行った場合にも、譲渡時の価額と時価との差額が、寄附金の額に含まれます。

● 損金算入時期はいつになるのか

　寄附金の額は、その支出があるまでの間、なかったものとされます。つまり、実際に金銭等により支出した時にはじめて、その支出があったものと認識されます。したがって、未払計上や手形の振出による寄附金で、未決済のものについては、損金に算入することはできません。

　また、法人が利益の処分として経理処理した寄附金については、国等に対する寄附金、指定寄附金及び特定公益増進法人に対する寄附金を除き、損金の額には算入されません。

● 損金算入には限度額がある

　寄附金には、事業の円滑化や広報活動、公益的な慈善事業に対するものなど、社会一般の考え方から見てそれを損金として認めるべきものもあることから、目的によって損金算入できる金額が規定されています。

　国等に対する寄附金及び財務大臣の指定した寄附金は、全額損金算入されます。一般の寄附金及び特定公益増進法人等に対する寄附金のうち、一定限度額を超える部分の金額は、損金の額に算入されません。

　損金として算入できる寄附金の限度額は、以下の計算式で算定されます。なお、株式を100％保有している子会社や、100％持たれている親会社などの、完全支配関係にある他の法人に対する寄附金は、グループ法人税制として、その全額が損金不算入になります。

① 一般の寄附金

　（期末資本金等の額×12/12×2.5/1000＋寄附金支出前の所得金額×2.5/100）×1/4

② 特定公益増進法人等

　（期末資本金等の額×12/12×3.75/1000＋寄附金支出前の所得金額×6.25/100）×1/2

■ 寄附金の範囲

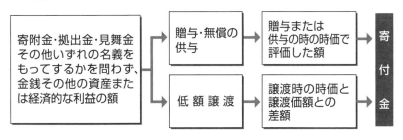

研究・開発にかかる費用の取扱い

細かい処理の積み重ねが大きな節税効果になる

● 研究・開発にかかる費用とは

　研究開発にかかる費用は、会計上と税務上では、その性格が異なります。会計上では、研究開発にかかる費用は研究開発費といい、従来にないものを創り出すための支出を指します。また、それに付随する調査費用や新たなしくみ作りの研究費用など、成果がまだ表われていない支出も含みます。

　他方、税務上は、研究開発にかかる費用を試験研究費といいます。税務上の試験研究費は、会計上の研究開発費より範囲が限定され、試験研究を行うために要する原材料費・専門的知識をもって専ら従事する者の人件費、経費、外部への委託費などです。

● 費用処理について

　会計上では、研究開発費はすべて発生時に費用処理しなければなりません。税務上では、その試験研究費は費用処理を強制はしていませんが、試験研究費として発生時に費用処理できます。ただし、その支出が製品の製造に直接関わる費用の場合は、製造原価に組み込まれ、売上原価または棚卸資産として計上されます。固定資産として処理した場合は、耐用年数に応じ、減価償却費として費用計上されます。

● 税法の優遇措置の活用

　試験研究費には税制上の優遇措置があります。法人税額から直接控除できる制度で、比較試験研究費（過去3年の試験研究費の平均値）、試験研究費割合（過去3年及び今期も含めた4年分の平均売上高に対

する試験研究費の占める割合)、増減試験研究費割合(試験研究費÷比較試験研究費-1)などの指標に基づき、事業年度中の試験研究費に対して要件により1～14%を掛けた金額と、その事業年度の法人税額の20%(要件により最大で50%)のいずれか小さい額を税額控除できます。

● より精緻な経理処理が重要になる

研究開発にかかる費用は、支出内容が多岐に渡り、金額も多額となることが想定されます。税法上の優遇措置を享受するためにも、これらの支出をより細かく管理するための工夫が必要になります。

たとえば、研究開発に対する予算設定と進捗管理など、明確な管理方法の策定は、一見複雑に思われる試験研究費の税額控除制度における経理処理をスムーズに行うことを可能にするという点で重要です。明確な管理方法の策定は経理処理をする上で有用な情報になるということができます。

■ 税務上の研究・開発費用と優遇措置

税務上の研究・開発費用

試験研究費(発生時に費用処理)
・研究のための原材料費
・専門知識をもつ研究従事者の人件費
・外部への委託費　　　　　　　など

法人税の優遇措置有り

① 試験研究費 × 一定割合(1%～14%)
② その事業年度の法人税 ×20%(原則) (一定の場合最大50%)
いずれか小さい金額を法人税から控除

税金や賦課金などの取扱い

税務上は経費として認められないものもあるため注意が必要

● 様々な種類がある

　会社が支払う税金や賦課金は一般的に租税公課と呼ばれます。国や地方公共団体などが強制的に徴収する国税や地方税などの租税と、賦課金や罰金など租税以外のものである公課とをあわせた税金等の支払についての総称です。租税公課はその内容によって税務上、経費として認められないものもあるため、経理処理する上で注意が必要です。

　税務上、経費として認められる租税公課の主なものは、印紙税、固定資産税、都市計画税、不動産取得税、自動車税、軽油引取税、法人事業税、事業所税、確定申告書の提出期限延長に対する利子税などがあります。これらは損益計算書上の販売費及び一般管理費（法人事業税の所得割部分は、税引前当期純利益の後の「法人税、住民税及び事業税」）に計上されます。

　一方、税務上、経費として認められない租税公課は大きく3つに分類されます。まず、会社の利益処分に該当するものがあります。法人税や法人住民税がそれにあたります。これらは経理処理する勘定科目も租税公課ではなく、「法人税、住民税及び事業税」といった勘定科目を用いて、税引前当期純利益の計算には含めないのが一般的です。

　次に、罰則に該当するものがあります。法人税や法人住民税などの納付を延滞していた場合に課される延滞税や延滞金、加算税や加算金の他、交通違反時に発生する罰金などです。これらの罰則的なものは、経費として認められる他の租税公課と明確に区別するために、勘定科目を租税公課ではなく雑損失といった別の勘定科目で処理する場合もあります。さらに、法人税の予納と考えられるものがあります。法人

税や法人住民税、消費税の予定納税額や、預金利子や配当の受取時に生じる源泉所得税があります。予定納税額は決算申告時において、確定税額から差し引くため、仮払金勘定などを用いるのが一般的です。

● 消費税は経理処理方式によって扱いが異なる

　消費税は、税込経理の場合には、売上時及び仕入時などは消費税を含んだ金額で売上高や仕入高などとし、決算において納付する消費税額を租税公課として費用処理され、税務上経費として認められます。

　一方、税抜経理の場合には、売上時などに預かった消費税は仮受消費税、仕入時などに支払った消費税は仮払消費税という勘定科目を用いて経理処理し、決算においては仮受消費税から仮払消費税を差し引いた額を納税するため、納付する消費税額を租税公課勘定で処理することはありません。

■ 租税公課の種類と経理上の取扱い

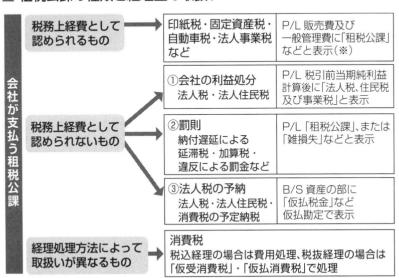

※法人事業税の所得割部分は、P/L 税引前当期純利益計算後の「法人税、住民税及び事業税」の中に含める

第3章　法人税の収益・費用の中身

繰延資産について知っておこう

支出の効果が1年以上に及ぶものを繰延資産という

● 次期以後の期間に配分して処理される

　繰延資産とは、法人が支出する費用のうち、その支出の効果が1年以上に及ぶもの（資産の取得費用及び前払費用を除く）をいいます。繰延資産は、減価償却資産のようにいったん資産計上し、その支出の効果が及ぶ期間にわたり、償却費として必要経費に算入します。なお、残存価額はありません。

　繰延資産は、将来の期間に影響する特定の費用であって、次期以後の期間に配分して処理するため、便宜的に貸借対照表の「資産の部」に記載されます。

　「将来の期間に影響する特定の費用」とは、すでに代価の支払が完了し、あるいは支払義務が確定し、これに対応する役務の提供を受けたにもかかわらず、その効果が将来にわたって現れるものと期待される費用のことです。

● 企業会計上の繰延資産と税法上特有の繰延資産がある

　繰延資産は「資産」ですが、換金性のある資産ではありません。会社法では、このような無価値な資産の計上は、債権者保護の見地から基本的に認めていません。そこで、企業会計上は、創立費、開業費、開発費、株式交付費（新株発行費）、社債発行費等の5つを限定列挙する形で、繰延資産として認めています。企業会計上では、会計処理は原則任意（資産計上してもよいし、支出した期に全額を費用として処理してもよい）とし、資産計上したときは、比較的短期間（最長3～5年。社債発行費は償還期間）での償却を求めています。

一方、法人税法による繰延資産は、大別して次の2つからなります。1つは、「企業会計上の繰延資産」であり、もう1つは、税法上特有の繰延資産です。具体的には、以下の費用が税務上特有の繰延資産となり、その支出の効果の及ぶ期間を税法で定めており、その期間にわたって償却していくことになります。
① 自己が便益を受ける公共的施設または共同的施設の設置または改良のための費用
② 資産を賃借しまたは使用するための費用
③ 役務の提供を受けるための費用
④ 広告宣伝用資産の贈与のための費用
⑤ その他自己が便益を受けるための費用

損金経理要件はどうなっているのか

　法人税法上、償却費として各事業年度の所得金額の計算上、損金の額に算入される金額は、確定した決算において償却費として損金経理した金額のうち償却限度額に達するまでの金額とされています。
　なお、税務上特有の繰延資産で20万円未満の支出については、支出時に全額損金算入することができます。

■ 税務上の繰延資産

| 企業会計上の繰延資産 | ・創立費・開業費・開発費・株式交付費
・社債発行費等 |

＋

| 法人税法特有の繰延資産 | ・自己が便益を受ける公共的施設または共同的施設の設置または改良のための費用
・資産を賃借しまたは使用するための費用
・役務の提供を受けるための費用
・広告宣伝用資産の贈与のための費用
・その他自己が便益を受けるための費用 |

貸倒損失について知っておこう

貸倒損失の成立要件について知っておく

● 貸倒損失とは

取引先の財政状態の悪化や倒産などにより、まだ回収していない売掛金や貸付金などの金銭債権が戻ってこないことになると、その金額はそのまま会社の損失ということになります。いわゆる焦げつきですが、これを貸倒損失といいます。

● どのような処理をするのか

金銭債権は、貸借対照表上では資産として表示されます。お金が回収される見込みがないということは、その金銭債権は不良債権として残ったままとなってしまい、会社の正しい財政状態を表すことができません。そこで、貸倒れが発生した時に、次の仕訳で費用・損失の科目に振り替えます。

貸倒損失の計上

> （借方）貸倒損失／（貸方）売掛金・貸付金などの金銭債権

この処理により、貸倒損失分の会社の資産及び儲けが減少します。貸倒損失として処理をした後にお金が回収できた場合は、「償却債権取立益」という科目に振り替え、その年度の収益として取り扱います。

償却債権取立益の計上

> （借方）現金及び預金／（貸方）償却債権取立益

● どんな場合に認められているのか

　経費や損失が増えると会社の儲けは減り、その儲けに対して課される法人税も少なくなります。もし「負担する税金を少なくしよう」と考える会社があるのであれば、経費や損失はできるだけ多く計上しようと考えるはずです。災害や盗難のように誰の目から見ても明らかな事実とは性質が異なり、債権が回収できなくなったかどうか、つまり「貸し倒れたかどうか」については当事者にしか判断できないという一面があります。もし、ある会社は「税金を少なくしたい」ため1か月入金の遅れた売掛金を貸倒損失として処理し、一方で別の会社は実際に倒産してしまった会社の売掛金のみを貸倒損失として処理するというように、会社の意図が介入する余地があるようでは、税金の負担にも不公平が生じてしまいます。

　また、債権が回収不能であるかどうかの判断は前述のとおり難しく、会社側に判断を委ねてしまうと損益計算書の貸倒損失の計上額が状況によって異なることになり、国の税金確保の安定性が薄れてしまいます。このような理由から、貸倒損失をより客観的なものにするために、税務上は貸倒れが成立するための要件が設定されています。

　以下①～③のいずれかの事実があったとき、貸倒損失として処理することが認められています。
① 法令等により金銭債権が消滅する場合
② 全額が回収不能の場合
③ 売掛債権の貸倒れの場合

● 法令等により金銭債権が消滅する場合

　以下のような法令等に基づく事実により債権が切り捨てられたり免除されたりして、最終的に回収できないことになった金額を貸倒損失として処理します。
・会社更生法による更生計画または民事再生法による再生計画の認可

の決定があった場合
・会社法による特別清算に基づく協定の認可の決定があった場合
・債権者集会や金融機関等のあっせんによる当事者間の協議決定により債権放棄した場合
・債務者の債務超過の状態が相当期間継続し、弁済を受けることができないと認められる場合

なお、この法令等により金銭債権が消滅する場合のケースに限り、会計上貸倒損失として処理をしなかった場合であっても、税金の計算上は当期の儲けから差し引いて計算します。

たとえば、当期利益150万円で、これ以外に貸倒損失50万円が存在した場合、150万円－50万円＝100万円が、法人税が課税される対象となる課税所得（税法上の利益）となります。

● 全額が回収不能の場合（事実上の貸倒れ）

法的な事実はないものの、売上先やお金を貸した相手など、債務者の財産状態、支払能力から回収ができないことが明らかな場合は、その回収できない金額を貸倒損失として処理します。たとえば債務者が死亡・行方不明・被災などによって支払いができなくなったような場合です。ただし担保物がある場合はこれを処分し、その代金を控除した残金が、計上できる貸倒損失となります。

担保物とは、抵当権などで担保されている不動産や取引の際に預かった保証金などのことです。

● 売掛債権の貸倒れ（形式上の貸倒れ）

売上先に対する売掛債権については、次の2つのケースで、貸倒損失の処理が認められています。ここでは貸付金などの債権は含まれません。

1つ目としてかつては継続して取引していたが、取引がなくなって

1年以上経過している取引先に対する場合です。この場合、売掛債権から備忘価額（その資産が残っていることを忘れないための名目的な価額のこと）1円を帳簿上残して貸倒損失を計上します。

たとえば未回収の売掛金が1,000円ある場合は次のようになります。

> （借方）貸倒損失　999／（貸方）売掛金　999

2つ目として遠方の取引先で、その債権の額よりも旅費交通費などの取立費用の方が上回ってしまい、かつ督促したにもかかわらず支払いがない場合です。この場合も同様に、備忘価額1円を残して貸倒損失を計上できます。なお、同一地域に複数の取引先がある場合、それらの合計の債権金額と取立費用で判断します。

たとえばA県に事務所を置く会社（「甲社」とします）が、B県にC社、D社の2社得意先をもっていたとします。いずれの得意先の売掛金についても督促したものの支払いがありません。B県への交通費は1,000円、甲社のC社に対する売掛金は500円、D社に対する売掛金は800円です。取立てにかかる費用は交通費のみとします。

■ 貸倒損失の計上が認められる3つの場合

1. **法令等による貸倒れ**
    … 法律上債権が消滅し回収不能となった場合
2. **事実上の貸倒れ**
    … 債権者の資産状態などから見て全額が回収不能と認められる場合
3. **形式上の貸倒れ**
    … 売掛債権について取引停止など一定の事実が生じた場合

→ 回収の努力もしない安易な貸倒損失計上は、税務署から贈与（寄附）として扱われるリスクがある

第3章　法人税の収益・費用の中身

通常ではC社500円＜取立費用1,000円、D社500円＜取立費用1,000円となり、いずれの売掛金についても貸倒損失を計上できることになります。しかし、常識的に考えると時間と経費を使ってC社に出向いたのであれば、ついでにD社にも訪問するものです。
　そこでこのような同一地域における債権については合算で判断します。したがって、この場合ではC社・D社の売掛金500円＋800円＝1,300円≧取立費用1,000円ということで、実際には貸倒損失は計上できないということになります。

● 貸倒損失が認定されるための対策と対処法

　貸倒損失として認定されるには、まず会社としてその債務者に対する必要な回収活動を行うことが大前提であり、そして税務上の貸倒損失の要件が満たしているという事実の客観性を保つことが必要となります。「①法令等により金銭債権が消滅する場合」の貸倒れ（111ページ）の中で、債務者の状態から弁済が困難であることが認められる場合には、債権放棄をしたことを通知する書面を内容証明郵便で送付する方法により、債権放棄をした事実を証明します。控えも保管しておくようにしましょう。相手が行方不明の場合でも、所在不明で戻ってきた封書をとっておきます。
　112ページの「②全額が回収不能の場合」の貸倒れと「③売掛債権」の貸倒れについては、経理処理をしていなければ認定されませんので、決算処理を行うときには、金銭債権の処理もれがないか、よくチェックしましょう。
　なお、③の貸倒れについては、継続取引があったことが前提であるため、不動産取引のようなたまたま行った取引による債権については、営業活動上の売上債権であったとしても、継続した取引とはいえないため適用されません。また、担保物がある場合は、取引がまったく停止しているとはいえないので適用されません。

いずれの場合においても、「いつ貸倒損失を計上するのか」ということも重要になってきます。法律による決定のあった日付や、全額回収できないことが明らかになった日付、最後に契約・商品の受渡し・入金等の取引があった日から１年以上経過している日付など、根拠のある日付で計上します。

税務上においては、貸倒損失の事実が認められない場合は、会計上貸倒損失計上を行ったとしても、損金計上が否認され、法人税がかかってしまいます。税務上の貸倒損失が成立する要件を満たしているかどうかについては注意が必要です。

損益計算書にはどのように表示されるのか

貸倒損失の損益計算書上の表示場所は、販売費及び一般管理費・営業外費用・特別損失のいずれかになりますが、その貸倒損失の性質により異なります。

売掛金など営業上の取引先に対する貸倒損失は「販売費及び一般管理費」に、貸付金など通常の営業以外の取引で生じた貸倒損失は「営業外費用」に、損益計算書に大きく影響を与えるような、臨時かつ巨額な貸倒損失は「特別損失」に表示します。

■ 貸倒損失の表示

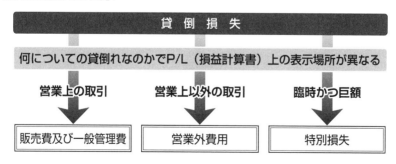

引当金について知っておこう

税務上原則として引当金の計上を認めていない

● 引当金とは

　会社の経営には様々なリスクがつきものです。将来突然発生するかもしれない費用や損失を見積り計算し、あらかじめ準備するためのお金のことを引当金といいます。企業会計は、「当期の収益に対応する費用の計上」という費用収益対応の考え方から、次の処理のように新たに見積った金額を「費用／引当金」として計上します。たとえば、貸倒引当金、賞与引当金、退職給付引当金などがあります。

　　　　　（借方）○○引当金繰入／（貸方）○○引当金

　しかし、税法では、費用については、減価償却費を除き、期末までに債務が確定していないものは損金（費用）に算入できません。
　たとえば、来期予定されている固定資産の撤去のための費用の見積額について、企業会計上で費用計上しても、税務ではその費用を損金として認めません。これは、実際に固定資産の撤去が期末までに行われているわけではなく、その撤去費用を支払うべき債務が確定していないためです。このように、債務が確定した時点で費用に算入すべきであるという考え方を債務確定主義といいます。税務上は課税の公平などにより、原則としてこのような引当金の計上は認められません。

● 税務上例外的に計上できる貸倒引当金

　取引先の倒産などによる貸倒れはリスクのひとつといえるでしょう。会社が保有する売掛金や貸付金などの金銭債権の中に、回収できない

恐れのあるものが含まれている場合には、これに備えて引当金を設定します。これを貸倒引当金といいます。

　税務上、貸倒引当金の損金算入が認められるのは、①中小法人等（資本金等の額が１億円以下である普通法人のうち資本金等５億円以上の大法人等に完全支配されていないもの、公益法人等、協同組合等、人格のない社団など）、②銀行や保険会社などの金融機関、③一定の金銭債権を有する法人等（リース会社、債権回収会社、質屋、クレジット会社、消費者金融、信報保証など）に限定されています。

■ 税務上の貸倒引当金と会計上の貸倒引当金

● **税務上の貸倒引当金**
　⇒ 現在は中小法人等その他の一部の法人しか計上が認められておらず、債権を次のとおり個別評価債権（貸倒に懸念等がある債権）と一般評価債権（通常の債権）の２つに分けて貸倒引当金を計上する

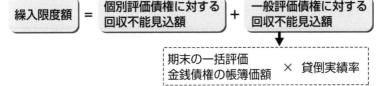

● **会計上の貸倒引当金**
　⇒ 債権を取引先の財務状況等により３つに区分に各々に応じた引当金を計上する

債権の区分	貸倒引当金の計上方法
一般債権	貸倒実績率に基づく方法
貸倒懸念債権	財務内容評価法またはキャッシュ・フロー見積法
破産更生債権等	財産内容評価法

・財務内容評価法 …
　債権額から担保の処分見込額及び保証による回収見込額を減額した残額等に基づき貸倒引当金を計上する方法
・キャッシュ・フロー見積法 …
　債権の発生または債権計上当初の割引率で割り引いた現在価値の総額と債権の帳簿価額との差額を貸倒引当金として計上する方法

第３章　法人税の収益・費用の中身

● 会計上の貸倒引当金と税務上の貸倒引当金との違い

　会計上は、過去の貸倒実績率や個別の債権評価等により貸倒引当金を計上します。具体的には債権を①一般債権、②貸倒懸念債権、③破産更生債権等の３つに区分し、その区分ごとに貸倒見込額を計算します。

　一方、税務上は、金銭債権を「個別評価金銭債権」と「一括評価金銭債権」の２つに区分し、その区分ごとに計算します。

・個別評価金銭債権

　事業年度の終了時において、貸倒れによる損失が見込まれる金銭債権を指します。具体的には、会社更生法等の認可決定等による返済猶予などがなされた場合、債務超過が相当期間続いているような場合、法的手続の申立てなどがなされた場合の債権が該当します。

・一括評価金銭債権

　個別評価金銭債権を除く金銭債権を指します。

● 貸倒引当金は貸倒損失とはどう違うのか

　貸倒引当金はまだ貸倒れの予測段階で計上されますが、貸倒損失は客観的にその事実が存在している損失であるという違いがあります。

　たとえば、ある取引先が会社更生法の適用により、当社に対する売掛金100万円のうち半分を切り捨て、残り半分は10年間の分割払いとする決定があったとします。切捨てが決定された50万円については、回収できないことが明らかなので貸倒損失となります。残りの50万円についてですが、支払いを受ける決定がされたものの、会社更生法が適用されたことで、もはや健全な取引先とはいえません。

　そこで回収不能を予測して設定するのが貸倒引当金です。まだ予測の段階なので、順調に支払いを受けた場合は、毎期その設定金額を見直していきます。

役員報酬・賞与・退職金の処理はどのように行うのか

税務上、役員とは会社経営に従事している人をいう

● 税法上の役員は会社法上の役員より幅が広い

　法人税法では、役員を「法人の取締役、執行役、会計参与、監査役、理事、監事、清算人及び法人の使用人以外の者でその法人の経営に従事している者」としています。つまり、会社法上の役員はもちろん、使用人以外の相談役、顧問など会社の経営に従事している者、あるいは同族会社の使用人で、その会社の経営に従事している者のうち、一定の条件を満たす者も役員とみなされます。これら税法独自の役員をみなし役員と呼んでいます。また、会社法上の役員であっても、取締役経理部長のように使用人の地位を併せ持つ者のことを、税法上は特に使用人兼務役員といい、他の役員と区別しています。

● 損金算入できる役員給与の範囲

　法人がその役員に対して支給する給与（退職給与等を除く）のうち、損金算入されるものの範囲は、次の①～③のようになっています。
① 支給時期が１か月以下の一定期間ごとで、かつ、その事業年度内の各支給時期における支給額が同額である給与（つまり定期同額の給与）の場合
② 所定の時期に確定額を支給する届出に基づいて支給する給与など（つまり事前確定届出給与）の場合
③ 非同族会社または非同族会社の完全子会社の業務執行役員に対する業績連動給与で、算定方法が利益や株価などに関する指標を基礎とした客観的なものである場合

　①の定期同額給与は、期首から３か月以内の改定、臨時改定事由や

第3章　法人税の収益・費用の中身

業績悪化などにより改定した場合には、改定前後が同額であれば定期同額給与に該当します。現金以外のいわゆる現物給与の場合、その額が概ね一定であれば定期同額給与に該当します。

②の事前確定届出給与とは、たとえば、年2回、特定の月だけ通常の月額報酬より増額した報酬（臨時給与、賞与）を支払う場合、支給額、支給時期等を事前に届け出ていれば損金算入が認められます。

なお、これらの給与であっても不相当に高額な部分の金額や不正経理をすることにより支給するものについては、損金の額に算入されません。

一方、役員に対して支給する退職給与については、原則として損金の額に算入されますが、不相当に高額な部分の金額は損金の額に算入されません。

● 役員退職金の損金算入

法人が役員に支給する退職金で適正な額のものは、損金の額に算入されます。その退職金の損金算入時期は、原則として、株主総会の決議等によって退職金の額が具体的に確定した日の属する事業年度となります。ただし、法人が退職金を実際に支払った事業年度において、損金経理をした場合は、その支払った事業年度において損金の額に算入することも認められます。

■ 定期同額給与と事前確定届出給与

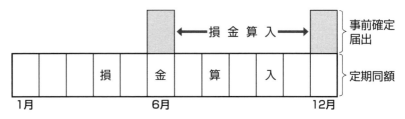

第4章

法人税の申告と申告書の作成

決算とはどのようなものなのか

一定期間の収支の総計算をすることである

● 決算は何の目的で行うのか

　法人税を算出するためには、会社の利益を確定させる必要があります。決算とは、一定期間に会社が行った取引を整理し、会社の経営成績及び財政状況を明らかにするための手続きのことです。この一定期間を会計期間といいます。1年間（当期）における経営成績（＝損益計算書）と財政状態（＝貸借対照表）を報告するため、決算特有の調整や必要な集計を行うことが主な決算手続きの内容です。

　経理担当者が日々行っている経理業務は、すべて決算のためといっても過言ではありません。決算の作業は、試算表の作成や決算整理事項の整理、すべての帳簿類を締め切るなどの作業がありますが、これらはすべて最終的に貸借対照表や損益計算書といった決算書を作成するという目的に向かって進められます。決算をすることにより、会社内部の経営者や管理者たちは会社の経営状態を知り、今後どのように会社を経営していくのか、目標をどこに置くのかなどの経営目標を明確に設定することができます。このように、決算は、効率的かつ安全な経営活動を行うための管理統制の手段になるわけです。

　また、会社に出資している株主や債権者などの利害関係者にとっては、自分たちが出資したり、お金を貸している会社の経営状態が気になるのは当然のことです。今後、出資をしようと考えている投資家にとっても、その会社の経営状態や将来性は大いに気になるところです。

　そこで、決算を行い、外部の利害関係者に対して、会社の財政状態や経営成績を報告することによって、経営者の責任を明らかにするわけです。これらの目的を果たすために決算が行われます。

● 決算調整とはどんなものか

　決算を最終的に確定するためには、決算調整という手続きが必要になります。決算調整とは、決算で費用に計上されていなければ法人税法上も損金とすることができないものなど（決算調整事項）を、会社の決算で処理することです。この決算調整により、会社の決算利益が決まります。

　このように決算調整事項とは、法人税法上の所得の金額の計算において損金の額に算入するに際し、あらかじめ法人の確定した決算において費用または損失として経理を行うことが要件となっているものです。この確定した決算において費用または損失として経理を行うことを損金経理（72ページ）といいます。

　主な決算調整事項としては、以下のようなものがあります。
① 減価償却資産の償却費の計上
② 繰延資産の償却費の計上
③ 一括償却資産の費用計上
④ 貸倒損失の計上

■ 決算の概要

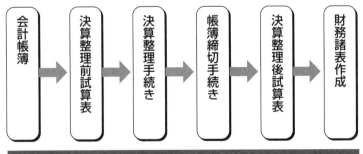

財務諸表を作成するための一連の手続きを決算という

第4章　法人税の申告と申告書の作成　123

決算整理について知っておこう

正しい決算書を作成するための調整作業である

● 1年間の成績を決算で明らかにする

　決算の手続きは、大きく分けて予備手続きと本手続きからなります。
　予備手続きでは、主に棚卸表の作成や帳簿記録が正しいものであるかどうかの確認など、財務諸表作成の前段階として必要な集計を行います。本手続きでは、決算整理と呼ばれる作業により帳簿記録に必要な手続きを行い、会計の最終目的である報告の準備（財務諸表の作成）を行います。決算日が到来して帳簿を締め切った段階では、実はまだ正確な決算書は作成できません。
　決算整理とは、決算日現在の勘定科目残高に「決算整理仕訳」または「決算修正仕訳」と呼ばれる仕訳を追加して、各勘定科目を当期の正しい金額に調整していく作業のことをいいます。決算整理の具体例としては、売上原価の計算、貸倒引当金などの引当金の計上、費用・収益の見越し・繰延べ計上、減価償却費の計上などがあります。

● 棚卸表の作成と作成上のポイント

　製品や商品、材料などを保有する会社は、決算において棚卸表を作成します。棚卸表とは、期末時点で会社に在庫として残っている商品や自社製品（以後「棚卸資産」と呼びます）の有り高とその金額を一覧表にしたものです。棚卸表を作成する目的は、当期の正確な売上原価を計算するためであり、決算整理のための準備作業といえます。また、勘定残高と実際有高とを照合するための表でもあります。
　棚卸表については、特に決められたフォームはなく、会社の業態に応じて任意に作成できます。一般的には品名、品番、単価、数量など

を一覧で表示し、一番下に合計金額を記載するような形式となります。棚卸表は、いつ作成されたものであるが重要となりますので、「○月○日現在」と作成日の記載を忘れずに行うようにしましょう。

● 売上原価を計算する

　当期に仕入を行った金額の中には、実は翌期に販売する予定の商品の分も混在していることがあります。要するに棚卸資産です。反対に、前期の棚卸資産については、当期首以降に販売されています。つまり帳簿上の仕入勘定には前期分が入っていない代わりに、翌期分が混在してしまっている可能性があるということです。

　しかし、売り上げた分に対応した仕入金額が表示されていなければ、正確な利益は計算できません。そこで、前期の棚卸資産の金額を当期の仕入に加え、当期末の棚卸資産の金額を仕入から除外する決算整理仕訳を行うことで、売上分に対応した仕入金額を計算します。

　このように、決算整理によって当期の売上に対応する金額に修正された仕入金額のことを、売上原価といいます。通常では、決算整理前の試算表における「商品」勘定には、前期末の棚卸表による残高が表示されています。これを当期末現在の棚卸表の金額に修正するために、たとえば期首商品残高が5,000円、期末の棚卸による商品残高が4,000円である場合、以下のような決算整理仕訳を計上していきます。

　　　　　　　　仕入 5,000 ／繰越商品 5,000
　　　　　　　　繰越商品 4,000 ／仕入 4,000

　ただし、実務上の損益計算書では、「期首商品棚卸高」「当期商品仕入高」「期末商品棚卸高」と３項目に分けて、売上原価の計算過程も表示するのが一般的になっています。

● 引当金を計上する

　取引先が倒産して、売掛金や受取手形などの債権が回収できなくなる場合があります。回収できなくなってしまった債権は損失に振り替えるのですが、これが貸倒損失（110ページ）です。

　貸倒損失によるリスクに備え、損失となるかもしれない金額を予想して、あらかじめ計上しておく場合があります。このように、将来の損失に備えて計上するものを引当金といいます。貸倒れに対する引当金ですので、貸倒引当金という勘定科目を決算修正仕訳で追加します。この他、引当金には賞与引当金や退職給付引当金などがあり、必要に応じて計上します。

　貸倒引当金の設定は、簡単にいうと貸倒れになるかもしれない取引先から受けた債権金額を見積もって、債権残高からマイナスするという作業です。たとえば貸倒引当金を1,000円と見積もった場合、以下のような決算整理仕訳を行います。

| 貸倒引当金繰入 1,000／貸倒引当金 1,000 |

　「貸倒引当金繰入」は費用に表示されます。つまり当期の利益を減少させる効果があります。一方、引当金は貸借対照表項目です。一般的に引当金勘定は負債に分類されるのですが、貸倒引当金の場合は「資産のマイナス勘定」として表示します。売掛金などの債権金額と対比させているというわけです。翌期首の処理としては、前期末に設定された引当金を以下の振替えにより取り消し、また期末に改めて設定し直すことになります。なお、「貸倒引当金戻入」とは、「貸倒引当金繰入」と裏表の関係の収益項目になります。

| 貸倒引当金 1,000／貸倒引当金戻入 1,000 |

● 収益・費用の繰延べ

　収益や費用について当期の収益・費用として処理するか、あるいは翌期の収益・費用として処理するか、整理する必要があります。たと

えば、期中に家賃3,000円を現金で受け取り、以下のような仕訳を行っていたとします。
(X1年 期中)

| 現金 3,000 ／ 受取家賃 3,000 |

しかし、この受取家賃が翌期に属すべき収益だった場合には、当期の収益として計上されるのは不適切です。このままだと、「受取家賃3,000円」という収益が、当期の収益として計上されてしまいます。そこで以下のような決算修正仕訳（収益の繰り延べ）を行います。
(X1年 期末)

| 受取家賃 3,000 ／ 前受家賃 3,000 |

この仕訳により、期中に計上された「受取家賃3,000」という収益は相殺されることになります（当期の収益として計上されない）。

そして、翌期首に再振替仕訳を行うことで、「受取家賃」が翌期の収益として繰り延べられることになります。

● 収益・費用の見越し

当期の費用や収益でも、まだ支払いや収入がされていないものについては計上されていない可能性があります。このような費用・収益も決算整理仕訳で計上する必要があります。これを「見越し」計上といいます。費用の見越し計上について具体例で見てみると、たとえば期中に締結した銀行借入れに対する利息2,000円を、翌期に支払ったとします。まだ支払いをしていないので、試算表上ではこの費用はまだ計上していません。

しかし、時の経過と共に借入れのサービスに対する利息が発生しており、実際には当期の費用としなければなりませんので、以下のような決算修正仕訳を行います。
(X1年 期末)

| 支払利息 2,000 ／ 未払利息 2,000 |

次に翌期の処理です。翌期に利息が支払われた場合、通常であれば

支払時に以下の仕訳を行います。

(X2年 期中)

| 支払利息 2,000 ／現金 2,000 |

ところが、この支払利息は前年度の決算においてすでに計上されていますので、このままであれば重複計上となってしまいます。そこで、以下の振替仕訳を行うことで、当年度に計上された「支払利息2,000」という費用が相殺されることになります。

(X2年 期首)

| 未払利息 2,000 ／支払利息 2,000 |

● 減価償却費を計上する

減価償却費の仕訳には、直接法と間接法の2つの方法があります。
(直接法)

| 減価償却費 50,000 ／車両運搬具 50,000 |

(間接法)

| 減価償却費 50,000 ／減価償却累計額 50,000 |

直接法と間接法の違いは、貸借対照表上の償却資産（減価償却される資産）の価額表示方法です。直接法の場合は、「車両運搬具」という固定資産が直接減額され、期末の貸借対照表では減価償却後の「車両運搬具」残高が表示されます。

他方、間接法の場合は、「減価償却累計額」という勘定科目に、毎年の減価償却費の累計額が記録されていきます。そして、貸借対照表ではこの「減価償却累計額」が「車両運搬具」と共に併記され、さらに差引後の実質価額も表示されることになります。つまり、間接法の場合は直接法に比べて、これまで減価償却されてきた額や、もともとの価額（取得原価）も表示されるという点で優れています。

Q 「中小企業の会計に関する指針」とは、どんな内容なのでしょうか。

A 中小企業の会計に関する指針とは、中小企業が決算書を作成するに際して基準とすることが望ましいとされる会計ルールです。日本税理士会連合会、日本公認会計士協会、日本商工会議所、企業会計基準委員会の民間4団体が、中小企業にとって適切な会計ルールでありながら、過度な負担とならないようなものとして「中小企業の会計に関する指針」を作成し、公表しています。

上場しているような大企業などは、企業会計原則を始めとした各種の会計基準や財務諸表等規則といった決算書作成方法を厳密に定めたルールに従って決算書を作成しています。このような企業は株主や債権者など多くの利害関係者がいるため、誰にでもわかるような決算書を作成する必要があります。

一方、中小企業の場合は大企業ほど利害関係者が多いわけではなく、決算書を見るのは基本的に経営者や税務署といった限られた人だけです。それでも、資金調達や業務を拡大していく過程で、金融機関や取引先が決算書を見ることがあります。このような理由から、中小企業においても、経営にあたっては第三者から見てわかりやすい決算書を作成する必要があると考えられています。このニーズを満たすルールとして、「中小企業の会計に関する指針」があります。

「中小企業の会計に関する指針」が決算書作成に適切に適用されているかを確認するための書類として、日本税理士会連合会が作成した「中小企業の会計に関する指針の適用に関するチェックリスト」があります。このチェックリストを使用することで、「中小企業の会計に関する指針」に従った計上方法や注記方法等になっているかを勘定科目ごとに確認することができます。

法人税の申告書を作成する

会社の業務形態に応じて必要な別表を作成することになる

● 確定申告書を作成する必要がある

　会社が事業で稼いだ儲けには、法人税が課税されます。法人税の申告は、法人自らが税額を計算し、「法人税の確定申告書」を管轄の税務署へ提出する方法で行います。確定申告書の提出期限は、事業年度終了の日から2か月以内です。ただし、会計監査が終わらないため決算が確定しない場合には、申請により提出期限をさらに1か月延長することができます。

● 算出方法と申告調整

　法人税の計算は、決算で確定した「当期純利益」または「当期純損失」をベースにして行います。これに税法に基づいた調整計算を加え、課税されるべき所得の金額と、所得にかかる法人税額が算出されるというのが大まかな流れです。

　法人税法上の所得の計算は、会計規則に基づいて計算された当期純利益（または当期純損失）を基に行われますが、税法独自の計算を加える場合があります。これを申告調整といいます。申告調整には、所得に加算する「加算項目」と減算する「減算項目」があります。加算されるということは、所得が増え、当然ながらその分税金も増えるということです。反対に減算項目には、税金を減らす効果があります。

　ここで、税法用語について簡単に説明をしておきます。法人税法では、会計用語の言い回しが少し異なります。たとえば収益のことを「益金」、費用のことを「損金」、確定した決算において費用または損失として経理処理をすることを「損金経理」といいます。費用とは認

められず加算されることを「損金不算入」、費用計上が認められることを「損金算入」、収益として認識されないことを「益金不算入」といいます。

さて、申告調整に話を戻します。加算項目には、たとえば損金経理をした法人税、減価償却の償却超過額、交際費等の損金不算入、法人税額から控除される所得税額などがあります。簡単に説明しますと、納付した法人税は「法人税等（法人税、住民税及び事業税）」などの科目で費用として計上されています。しかし、税法上は損金不算入であるため加算されます。減価償却費は、損金経理を行った場合に税法上の限度額までの損金算入が認められています。ただし、限度額を超えた部分は損金不算入となります。交際費についても税法上の限度額が設けられており、これを超えた部分は損金不算入となります。

減算項目には、当期に申告書を提出した事業税等の金額や、法人税や所得税の還付金などがあります。事業税は、申告書を提出した事業年度において損金算入が認められています。一般的には前期に「法人税等（法人税、住民税及び事業税）」として計上しているため、前期においていったん加算調整した上で、翌期の損金として減算調整します。法人税等の還付金については、「雑収入」など収益に計上されています。しかし、そもそも法人税が損金不算入であるため、還付された場合も益金不算入として減算調整されます。

■ 法人税の所得計算

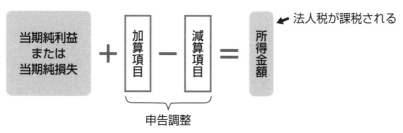

必ず作成する別表について知っておこう

別表一、二、四、五㈠、五㈡の5枚は必要

● 別表の作成

　法人税の確定申告書は、別表と呼ばれる複数の用紙で構成されています。別表の種類は税制改正による増減はありますが、現行では別表一から別表二十までとなっています。ただし、これらすべての別表を使うわけではありません。別表にはそれぞれの法人の状況に応じて、必ず作成が必要なものと、必要に応じて作成するものとがあります。

　なお、毎年の税制改正により、別表の様式も少しずつ異なります。用紙枠外の右端に、たとえば「令六・四・一以後終了事業年度分」など、適用年度が記載されています。こちらも申告する事業年度と一致しているかどうか確認する必要があります。

　別表の役割は、法人税のもとになる法人所得の計算と、法人税の計算です。どの法人も必ず作成が必要な別表は、別表一、二、四、五㈠、五㈡の5枚です。法人の所得は、別表四に申告調整金額を「加算」または「減算」して計算します。翌期以降の損金や益金として繰り越す場合には、別表五㈠に記録します。そして、法人税額を別表一で計算します。これら以外の別表では、主に申告調整計算などを行います。

　別表の作成手順についておおまかに説明しますと、まず個別の調整項目に関する別表の作成、次に別表四と五の作成、最後に別表一の作成という流れです。つまり別表一から番号順に作成するのではなく、別表四と別表五㈠を中心に、決算書の金額を転記しながら、複数の別表を同時進行で完成させていくイメージです。別表同士の関係については、134ページの関係図も参考にしてみてください。

　各別表の内容や作成要領については、作成する順番に従って説明し

ていきます。

● その他の別表が必要になるケース

別表一、二、四、五㈠、五㈡以外の別表は、必要に応じて作成することになります。主に、所得金額に加算または減算する調整金額を計算する目的で作成するものです。たとえば交際費が発生している会社であれば別表十五（154ページ）、減価償却資産を保有している会社であれば別表十六（155ページ）、というように、それぞれの内容に応じた別表を作成します。事例では、別表三㈠、六㈠、七㈠、十一㈠、十五、十六㈡について以下で見ていきます。これらの他にも、受取配当等の益金不算入額を計算する別表八㈠など、様々な別表が存在します。

所得金額の調整計算以外にも、別表が必要な場合があります。たとえば同族会社等の判定を行う場合や、特別に加算される税額を計算する場合などです。加算されるケースでは、留保金課税（64ページ）という規定があり、別表三㈠（158ページ）で加算税額を計算します。

● 申告書に添付する添付書類

「確定申告書」には、決算書を添付して提出します。通常の確定申告に添付が必要な決算書類は、「貸借対照表」「損益計算書」「株主資本等変動計算書」「勘定科目内訳明細書」です。決算書類は、株主総会の承認を受けて確定したものをそのまま使います。「勘定科目内訳明細書」とは、たとえば売掛金や買掛金の明細など、貸借対照表や損益計算書に表示されている勘定科目の内訳を示す書類です。一般的には、決算書類といっしょに作成されるものです。

決算書以外の添付書類として、「法人事業概況説明書」も作成します。事業概況説明書は、税務調査のための準備資料として税務署へ提出する書類です。2ページにわたり記入する欄があり、1ページ目には事業内容、従業員の人数と構成、データの管理方法などの情報や、

決算における貸借対照表や損益計算書の概数を記入します。2ページ目には管理している帳簿や、月別の売上、仕入、人件費の金額などを記入します。

税額控除や軽減税率など、租税特別措置法の適用を受ける場合には、「適用額明細書」(159ページ)の添付も忘れないようにしましょう。適用額明細書を添付する場合、別表一(147ページ)「適用額明細書提出の有無」欄にも「有」に印をつけます。

■ 別表同士の関係図

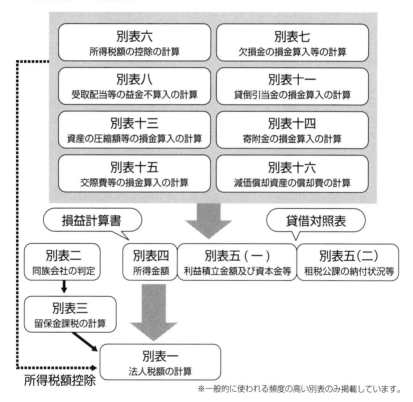

※一般的に使われる頻度の高い別表のみ掲載しています。

5 別表二を作成する

同族会社または特定同族会社に該当するかどうかを判定するための書類

● 別表二の作成

　この別表は調整金額そのものを計算するものではなく、法人が、税法上の「同族会社」または「特定同族会社」に該当するかどうかを判定するための書類です。

　同族会社とは、株主やその親族等で構成される株主グループの発行済株式や議決権の数が、上位3位までの合計で過半数を所有されている会社をいいます。また、特定同族会社とは、同族会社のうち、1つの株主グループで過半数の所有を占める会社です。ただし、資本金1億円以下の中小法人（資本金5億円以上の大法人に完全支配されているなどの一定の法人以外）は除きます。これらに該当しない会社を「非同族会社」といいます。

　これらの判定結果は、別表一にも記入する欄があります。「同非区分」の該当箇所に〇印を記入します。

● 同族会社の判定がなぜ必要なのか

　小規模な会社の場合、社長やその親族が株主となっている同族会社が多いのではないでしょうか。株主が経営者でもある場合、利益の処分方法が経営者の意のままになりやすいといえます。

　利益を配当として株主へ還元せず、会社内部へ貯める（留保）行為を抑制するため、法人税法では、一定の同族会社が限度額を超えて留保したお金に対しては特別に課税するという規定があります。これを「留保金課税」といいます。詳しくは158ページの別表三(一)で見ていきます。

このように、法人税法上、同族会社に対しては、非同族会社よりも厳しい規定が設けられています。
　また、同族会社の場合、会計処理も経営者の自由に操作されやすいといえます。会計処理の操作による脱税行為などを抑制するために、同族会社の行為・計算の否認という規定があります。これは、「法人税を不当に減少させている」と認められる行為があるときは、税務署長が否認できるというものです。たとえば経費の計上を税務署長から否認された場合、その分法人税が増えるということになります。同族会社を牽制するための規定だといえます。

● 同族会社と役員

　法人税法では、役員に支給する給与についてはいろいろな制約があります。一定要件を満たしていない給与や不相当に高額な給与については、経費算入が認められず、課税されてしまいます。また、退職金についても、不相当に高額であれば、同様に経費算入が認められず、課税されてしまいます。これは、役員給与等の支給額を増減させることによる利益操作を避けるためです。そのため、法人税法上においては、役員について定義付けがされています。法人税における役員とは、法人の「取締役、執行役、会計参与、監査役、理事、監事及び清算人並びにこれら以外の者で法人の経営に従事している者」です。たとえば顧問や相談役などの場合、実際に経営に携わっているかどうかで判断されます。つまり役職名に関係なく、経営に従事していると判断されれば役員の取扱いということになります。
　同族会社の場合、株主である親族同士の合意により、あえて役員の肩書を外すという行為も可能です。このようなことが認められてしまえば不公平が生じてしまうため、同族会社で経営に従事している一定の株主については、肩書にかかわらずみなし役員ということで、役員として取り扱われることになります。

6 別表一を作成する

別表一は、所得が確定した後、最後に作成する

● 別表一の作成

　別表一は、別表四で計算した所得金額から、税額を計算する書類です。したがって、所得が確定して最後に作成することになります。別表一は法人税の他、地方法人税の確定申告書も兼ねています。また、事業年度・納税地・法人名などを記入し、確定申告書全体の表紙としての役割もあります。確定申告書として提出するのであれば、「申告書」の左の空欄に「確定」と記入します。

　租税特別措置法を適用して法人税額を減額する特例を適用する場合には、「適用額明細書提出の有無」の欄の「有」に印をつけて、その適用額明細書も添付する必要があります。また、事業種目（業種）や資本金の額、同族会社であるかどうかの区分、添付書類など必要事項はすべて記載します。「税務署処理欄」の「売上金額」にも記入が必要です。当期の売上高を百万円単位（端数は切上げ）で記入します。

● 法人税額の計算

　別表一の内容ですが、まず、別表四によって算出した所得金額を記入します。期末資本金が１億円以下の中小法人は、年間所得800万円までに対して軽減税率が適用されます。そのため、別表一の２枚目にあたる「次葉」には800万円とそれを超える部分の金額とに分けて記入します。ただし、資本金５億円以上の大法人に完全支配されている法人については、軽減税率は適用されません。

　次に、所得金額に税率を掛けて計算した金額を記入します。ここで計算した「法人税額」の合計額を、「2」の「法人税額」に転記しま

す。租税特別措置法などによる税額控除の適用がある場合や、反対に、同族会社の留保金課税など課税される項目があれば、「3」以下で加減算し、「法人税額計」の計算を行います。

　所得税額控除や外国税額控除がある場合は、別表六で計算した金額を右上部分の「控除税額の計算」欄に転記します。「控除税額」欄にも記入し、最終的な法人税の年税額である「差引所得に対する法人税額」を計算します。控除税額の方が多く、控除しきれない金額がある場合は「控除しきれなかった金額」に記入します。控除しきれなかった部分については、右側の「この申告による還付金額」欄に記入し、還付されます。また、中間申告の納付税額がある場合、「中間申告分の法人税額」と、差引後の「差引確定法人税額」に記入します。「差引確定法人税額」が、この申告により納付すべき法人税額です。中間申告分の法人税額の方が多い場合は、還付されます。右側の「この申告による還付金額」欄に記入します。

　さらに、上記で計算した「法人税額計」に、留保金課税に対する法人税など一定のものを加減算して10.3％を掛けたものが地方法人税となります。地方法人税は、地域間の財政格差を縮小させる目的で、地方交付税の財源とする税金です。

　なお、別表一「次葉」には、法人税と同様に地方法人税の計算過程も記入します。

● 決算確定の日

　最後に忘れてはならないのは、一番下の「決算確定の日」欄です。ここには、株主総会で決算書の承認を受けた年月日を記入します。親族のみで構成された同族会社や一人法人では、実際に決算処理が終了した日付で差し支えありません。簡単なもので構わないので、株主が承認した旨を記録した株主総会議事録を作成しておくとよいでしょう。

別表四・別表五(一)を作成する

別表四と五(一)は関連性が強い書類といえる

● 別表四の作成

　別表四は課税されるべき所得金額を計算する表です。別表四にはすべての項目が表示された通常様式と、一般的な項目のみに省略された簡易様式があります。通常では簡易様式の法人の方が多いといえます。

　各別表から転記した調整金額を加減算して算出した、「所得金額又は欠損金額」の総額欄の金額が、法人税が課税されるべき所得金額になります。

　まず、一番上の「当期利益又は当期欠損の額」に、当期の損益計算書の「税引前」当期純利益または純損失の金額を記入します。これが法人税の計算のスタート地点になります。これに加算項目と減算項目を各別表等から転記して、所得金額を計算します。そして、この所得金額をもとに、別表一（147ページ）で当期の法人税を計算します。

　法人税と、住民税・事業税等の地方税が確定すると、別表四の「当期利益又は当期欠損の額」を「税引後」当期純利益に書き換えます。最後に加算項目の「損金経理をした納税充当金」欄に、未払法人税等として計上した当期の法人税・住民税・事業税の額を記入し、別表四は完成です。なお、納税充当金については、別表五(二)（141ページ）で説明します。

● 留保と社外流出

　別表四には、「処分」欄があり、加算・減算の調整計算を行う際に、「総額」欄に記入した上で、右側の「処分」欄で「留保」と「社外流出」とのいずれかに分類します。

第4章　法人税の申告と申告書の作成　**139**

調整項目の中には、会計処理と法人税法の取扱いとで、益金または損金の認識すべき時期が異なるために発生したものもあります。このような一時的な差異（一時差異）の場合、別表四の「処分」欄の②「留保」に記入すると共に、別表五㈠の「当期の増減」欄の③「増」にも転記します。たとえば減価償却超過額がこれに該当します。税法上の限度額を超えて計上した減価償却費は損金とは認められず、所得に加算されてしまいますが、翌期以降の所得から減算されることになります。差異が解消された場合には②「減」に記入します。そして最終的にこの差異は解消されます。このように、別表四と五㈠は、お互いにつながった存在だといえます。
　このような一時差異とは性質が異なり、解消されない差異もあります。これを永久差異といいます。たとえば交際費等の損金不算入額は、当期に加算されてそれでおしまいですから、永久差異に該当します。永久差異の場合は、別表四の処分欄は「社外流出」に記入します。この場合、別表五㈠への転記は必要ありません。

● 別表五（一）の作成

　別表五㈠は「税法上の純資産」の明細を表わします。別表五㈠の「利益積立金の計算に関する明細書」には、利益積立金や繰越損益金の他、前述したような「留保」された損金不算入額も含まれており、いわば税法上の純資産を構成します。前期から繰り越されたものを「①期首現在利益積立金額」に記入します。当期の増減欄では、当期に解消された項目を②「減」、発生した項目を③「増」に記入し、④の「差引翌期首現在利益積立金額」を計算します。未納法人税等には、前期分の納付と当期分の発生について記入します。
　「資本金等の計算に関する明細書」欄では、資本金や資本準備金など、法人の純資産に関する記入欄があります。これらの記入欄には、貸借対照表や株主資本等変動計算書から転記します。

別表五（二）を作成する

税金の発生とその支払状況などを明らかにするための書類

● 別表五（二）の作成

　別表五㈡では、税金の発生とその支払状況、未払法人税等の繰入額と取崩額などの明細を明らかにする書類です。

　法人税、道府県民税、市町村民税、事業税、その他と区分されており、①から⑥までの欄にそれぞれ未納税額の期首残高、当期の増加と減少、期末の残高を記入するようになっています。③から⑤の「当期中の納付税額」には、税金を納付した時の経理処理方法に従って、いずれかの欄に記入します。未払法人税等のことを、税法用語で納税充当金といいます。税金を前期の納税充当金から支払った場合であれば③、「仮払税金」など仮払い処理で支払った場合であれば④、「租税公課」や「法人税等」など経費科目での損金経理であれば⑤に分類されます。

　法人税、道府県民税、市町村民税については、当期分の確定金額を記入する欄があります。これらの金額については、まずは法人税額の計算に必要な処理をすべて終えて、最後に作成することになります。

　事業税は、前期の確定申告と当期の中間申告の分のみ記入します。

　一番下の「納税充当金の計算」欄では、「未払法人税等」の期首残高、繰入額、取崩額を記入し、加減算して期末納税充当金を計算します。

　なお、罰金や過少申告加算税、延滞税などのペナルティとしての税金は損金算入が認められません。このような税金があれば「その他」欄の「損金不算入のもの」に記入し、別表四へ転記して加算調整を行います。

9 その他の別表を作成するケース

交際費や経営・債権回収の状況に応じて各種別表を添付する

● 別表六(一)の作成

　預貯金の利子等からは、15.315％の源泉所得税が徴収されています。その内訳は、所得税15％および復興特別所得税0.315％です。これらの税金は法人税から控除することができます。計算方法としては、損金経理した税額を別表四で加算調整していったんなかったものとし、最終的に別表一で算出した法人税額等から控除（税額控除）するという方法によります。この場合、所得税額には復興特別所得税も含めて計算します。そのまま損金として経理することもできますが、税額控除を受けた方が納税者には有利です。

　所得税の税額控除の適用を受けるために作成するのが、別表六(一)（153ページ）です。別表六(一)では、利子等の種類に応じて、収入金額や源泉徴収された所得税額を記載します。

● 別表十五の作成

　会社が支出した交際費は原則として損金不算入であり、所得に加算されます。交際費とは、得意先との飲食や贈答のための費用です。ただし1人当たり10,000円以下（令和6年3月以前は5,000円以下）の一定の飲食費については、この交際費から除かれます。

　「原則として損金不算入」と書きましたが、例外として、一定の損金算入限度額が定められている場合があります。まず資本金1億円以下の中小法人（資本金5億円以上の大法人に完全支配されている場合を除く）の場合、年800万円まで損金算入が認められます。次に、資本金1億円超の会社の場合、接待飲食費の50％までは損金算入が認め

られています。ただし、資本金100億円超の会社の場合は全額損金不算入となります。中小法人の場合、800万円と接待飲食費の50％とのどちらか有利な方を選択することが可能です。

別表十五では、支出した交際費の額と損金算入限度額を記入し、損金不算入額を計算します。

なお、課税売上割合が95％未満の課税事業者、及び課税売上高5億超かつ課税売上割合95％以上の課税事業者で、消費税を税抜き処理で行っており、非課税売上または課税売上・非課税売上共通に関係する交際費に対する消費税がある場合には、別表十五の支出した交際費の額の中にこの消費税（控除対象外消費税といいます）も含める必要があります。具体的には、個別対応方式（188ページ）を採用している場合は「非課税売上に対する交際費に対する消費税＋課税売上・非課税売上共通の交際費に対する消費税×（1－課税売上割合）」、一括比例配分方式（188ページ）を採用している場合は「交際費に対する消費税×（1－課税売上割合）」を、支出した交際費に中に含めることになります。

● 別表十六の作成方法

法人税法では、資産の種類や構造等に応じた償却方法や耐用年数を定めており、その方法で計算した償却額が、損金算入の限度額になります。この別表十六に減価償却の内容を記載して提出した場合、「減価償却費」として損金経理した金額のうち、限度額までの損金算入が認められます。なお、定額法は㈠、定率法は㈡というように、計算方法によって用紙が異なりますので注意してください。㈱緑商会の設例では、定率法による別表十六㈡（155ページ）を掲載しています。

別表には、資産の区分ごとの償却限度額及び当期に計上した償却額、償却限度超過額や償却不足額などを記入します。償却限度を超過した金額は、損金不算入であるため加算調整されます。反対に償却不足で

ある場合、過去の償却超過額が残っているのであれば、限度額に達するまでの金額を損金に算入し、所得から減算することができます。超過額が発生した場合は、別表四で加算調整がなされます。

また、別表五㈠の「利益積立金に関する明細書」にも、当期の「増」として記録します。減価償却の超過額による差異は、最終的には解消され、別表四で減算調整されるしくみになっています。

● 赤字の場合

赤字が出た場合、一般的には法人所得もマイナスとなります。法人税法では、所得金額がマイナスとなることを欠損金といいます。欠損金がある場合、当然ながら当期の法人税もゼロです。中間申告による納付税額や、利子などから徴収された源泉所得税などがあれば、還付されます。

また、継続して青色申告法人である場合、当期に発生した欠損金は、翌期以降に課税されるべき所得から控除することができます。これを繰越欠損金といいます。欠損金は、翌期以降10年間（平成30年3月31日以前に開始した事業年度は9年間）繰り越すことができます。繰越欠損金の金額は、別表七㈠に記録します。なお、災害による損失については、白色申告の場合も10年間（平成30年3月31日以前に開始した事業年度は9年間）繰り越すことができます。

中小法人等の場合、前期が黒字であれば、当期の欠損金を前期に繰戻して還付を受けることもできます。この制度を、欠損金の繰り戻し還付といいます。いずれも青色申告書を提出している法人であることが要件です。中小法人等とは、期末資本金等の額が1億円以下の普通法人（資本金の額等が5億円以上の大法人と完全支配関係にある法人を除く）等をいいます。

前期以前が赤字で当期が黒字である場合、前期以前の欠損金については、当期の所得の一定割合を限度として、所得から控除することが

できます。ちなみに、中小法人等の控除限度額は、所得の100％です。

当期控除額及び控除限度額の計算は、設例のナカムラ商事㈱の書式（156ページ）のとおり、別表七㈠で行います。別表七㈠で計算した当期控除額は、別表四の「欠損金又は災害欠損金等の当期控除額」欄に転記します。控除しきれず翌期繰越額があれば、別表一の「翌期へ繰り越す欠損金又は災害欠損金」欄にその金額を記載します。

● 債権の回収が困難になった場合

得意先が倒産してしまった場合、売掛金や手形など金銭債権が残っていれば、回収できない可能性が高くなります。回収できなくなった債権は、そのまま会社の損失になります。このような不良債権による将来のリスクに備え、回収の見込みの少ない金額を貸倒引当金として経費に計上する場合があります。

法人税法上、回収不能に陥るリスクの高い債権を「個別評価金銭債権」といいます。引当金計上については、債権の状態を大きく3つに区分し、個別に限度額が設けられます。たとえば民事再生手続きの申立中の債権や手形交換所の取引停止処分を受けた手形の場合、債権金額の50％が引当金計上の限度額です。限度額は別表十一㈠（157ページ）で計算し、限度額を超えている場合は、別表四の加算項目へ追加します。設例の㈱緑商会の場合、50万円の限度額を超えていないため、調整計算の必要はありません。その他のリスクの低い債権は「一括評価金銭債権」といいます。一括評価金銭債権についても、一定限度額まで引当金の計上が認められています。書式の掲載はありませんが、一括評価金銭債権については別表十一（一の二）を作成します。

以上が貸倒引当金の取扱いですが、資本金1億円以下の中小法人（資本金5億円以上の大法人に完全支配されていないもの）、銀行、保険会社などの一定の法人を除き、税務上貸倒引当金の計上を認めていません。

● 留保金課税が適用される場合

　149ページの別表二で「特定同族会社」と判定された場合に、留保金課税がかかるかどうかの判定と、留保金課税の税額の計算を別表三㈠で行います。㈱緑商会の場合は資本金１億円以下であるため特定同族会社の要件を満たしません。設定を変更して、ナカムラ商事㈱の場合の書式（158ページ）で見ていきましょう。

　留保金とは、会社が稼いだ利益のうち、配当として株主等に分配せずに内部に貯めたお金のことをいいます。法人税法上では、別表四「処分」欄の「②留保」の合計をベースにして、別表三㈠の「当期留保金額の計算」欄で留保金額を計算します。

　まず、別表四一番下「52の②」の金額を「留保所得金額」欄へ転記します。しかし、ここにはまだ流出していないお金があります。当期の法人税・法人住民税と当期の配当です。見込み計算になりますが、これらの金額を差し引きます。反対に、前期の配当の支払いがあった場合は、足し戻します。加減算後の金額が「当期留保金額」となります。

　特定同族会社の留保金額のうち、一定限度額までは課税されないことになっています。限度額のことを「留保控除額」といいます。留保控除額は、大雑把な説明になりますが、資本金等の４分の１から会社の純資産を構成する利益積立金を引いた差額（積立金基準額）、年2,000万円（定額基準額）、法人所得の40％（所得基準額）の３つの金額のうち、いずれか多い金額です。いずれも法人税法上の金額なので、別表四・五㈠の金額をもとに計算します。なお、留保控除額は別表三㈠の付表一に計算過程を記載します。

　当期留保金額から留保控除額を差し引いて、「課税留保金額」を計算します。留保金に対する税率は、年3,000万円以下は10％、3,000万円超１億円以下の部分は15％、１億円超の部分は20％です。計算した金額は別表一「留保金」欄へ転記します。

書式1　法人税申告書 別表一

別表一　各事業年度の所得に係る申告書－内国法人の分……令六・四・一以後終了事業年度等分

税務署受付印	品川　令和6年11月25日　税務署長殿
納税地	東京都品川区XXX1－2－3　電話（03）XXXX－XXXX
（フリガナ）	カブシキガイシャ　ミドリショウカイ
法人名	株式会社　緑商会
法人番号	XXXXXXXXXXXXX
（フリガナ）	スズキ　タロウ
代表者	鈴木　太郎
代表者住所	東京都品川区XXX1－2－4

通算グループ整理番号	
通算親法人整理番号	
法人区分	普通法人（特定の医療法人を除く。）（○）
事業種目	衣料品小売業
期末現在の資本金の額又は出資金の額	25,000,000円
同上が1億円以下の普通法人のうち中小法人に該当しないもの	非中小法人
同非区分	同族会社（○）
旧納税地及び旧法人名等	
添付書類	貸借対照表、損益計算書、株主（社員）資本等変動計算書又は損益金処分表、勘定科目内訳明細書、事業概況書、組織再編成に係る契約書等の写し、組織再編成に係る移転資産等の明細書

※税務署処理欄	
青色申告	一連番号
整理番号	
事業年度（至）	年　月　日
売上金額	142百万
申告年月日	年　月　日
通信日付印	確認／庁指定／局指定／指導等／区分
申告区分	法人税：中間／期限後／修正　地方法人税：中間／期限後／修正

令和 05 年 10 月 01 日から 令和 06 年 09 月 30 日までの事業年度分の法人税 確定 申告書／課税事業年度分の地方法人税 確定 申告書

（中間申告の場合の計算期間　令和　年　月　日／令和　年　月　日）

適用額明細書提出の有無：有（○）　税理士法第30条の書面提出有　税理士法第33条の2の書面提出有

この申告書による法人税額の計算

項目	番号	金額（円）
所得金額又は欠損金額（別表四「52の①」）	1	1,050,000
法人税額（48）+（49）+（50）	2	157,500
法人税額の特別控除額（別表六（六）「5」）	3	
税額控除超過額相当額等の加算額	4	
土地譲渡利益金 課税土地譲渡利益金額（別表三（二）「24」）+（別表三（二の二）「25」）+（別表三（三）「20」）	5	000
同上に対する税額（62）+（63）+（64）	6	
留保金 課税留保金額（別表三（一）「4」）	7	000
同上に対する税額（別表三（一）「8」）	8	
		00
法人税額計（2）－（3）+（4）+（6）+（8）	9	157,500
分配時調整外国税相当額及び外国関係会社等に係る控除対象所得税額等相当額の控除額（別表六（五の二）「7」）+（別表十七（三の六）「3」）	10	
仮装経理に基づく過大申告の更正に伴う控除法人税額	11	
控除税額（（（9）－（10）－（11））と（18）のうち少ない金額）	12	766
差引所得に対する法人税額（9）－（10）－（11）－（12）	13	156,700
中間申告分の法人税額	14	00
差引確定法人税額（13）－（14）（中間申告の場合はその税額とし、マイナスの場合は（22）へ記入）	15	156,700

控除税額の計算

項目	番号	金額（円）
所得税の額（別表六（一）「6の③」）	16	766
外国税額（別表六（二）「23」）	17	
計（16）+（17）	18	766
控除した金額（12）	19	766
控除しきれなかった金額（18）－（19）	20	

この申告による還付金額

項目	番号	金額（円）
所得税額等の還付金額（20）	21	
中間納付額（14）－（13）	22	
欠損金の繰戻しによる還付請求税額	23	外
計（21）+（22）+（23）	24	外

項目	番号	金額（円）
この申告が修正申告である場合のこの申告により納付すべき法人税額又は減少する還付請求税額（57）	25	外 00
欠損金等の当期控除額（別表七（一）「4の計」）+（別表七（三）「9」若しくは「21」又は別表七（四）「10」）	26	
翌期へ繰り越す欠損金額（別表七（一）「5の合計」）	27	

この申告書による地方法人税額の計算

項目	番号	金額（円）
課税標準法人税額の計算 基準法人税額 所得の金額に対する法人税額（2）－（3）+（4）+（6）+（9の外書）+（別表六（二）付表六「7の計」）+（別表六（五の二）「9の②」）	28	157,500
課税留保金額に対する法人税額（8）	29	
課税標準法人税額（28）+（29）	30	157,000
地方法人税額（53）	31	16,171
税額控除超過額相当額の加算額（別表六（二）付表六「14の計」）	32	
課税留保金額に係る地方法人税額（54）	33	
所得地方法人税額（31）+（32）+（33）	34	16,171
分配時調整外国税相当額及び外国関係会社等に係る控除対象所得税額等相当額の控除額（別表六（五の二）「8」）+（別表十七（三の六）「4」）と（34）のうち少ない金額	35	
仮装経理に基づく過大申告の更正に伴う控除地方法人税額	36	
外国税額の控除額（（（34）－（35）－（36））と（65）のうち少ない金額）	37	
差引地方法人税額（34）－（35）－（36）－（37）	38	16,100
中間申告分の地方法人税額	39	00
差引確定地方法人税額（38）－（39）（中間申告の場合はその税額とし、マイナスの場合は（42）へ記入）	40	16,100

この申告による還付金額

項目	番号	金額（円）
外国税額の還付金額（67）	41	
中間納付額（39）－（38）	42	
計（41）+（42）	43	外
この申告が修正申告である場合のこの申告により納付すべき地方法人税額（61）	44	00
剰余金・利益の配当（剰余金の分配）の金額		

残余財産の最後の分配又は引渡しの日	令和　年　月　日
決算確定の日	令和 06年11月21日

還付を受けようとする金融機関等	
銀行・金庫・組合・農協・漁協	本店・支店／出張所／本所・支所
預金	郵便局名等
口座番号	ゆうちょ銀行の貯金記号番号　－
※税務署処理欄	

税理士署名	

書式2 別表一 次葉

| 事業年度等 | 5・10・1
6・9・30 | 法人名 | 株式会社 緑商会 |

別表一次葉 令六・四・一以後終了事業年度等分

法 人 税 額 の 計 算

(1)のうち中小法人等の年800万円相当額以下の金額 ((1)と800万円×12分のうち少ない金額)又は(別表一付表「5」)	45	1,050,000	(45)の15%又は19%相当額	48	157,500
(1)のうち特例税率の適用がある協同組合等の年10億円相当額を超える金額 (1)-10億円×12	46	000	(46)の22%相当額	49	
その他の所得金額 (1)-(45)-(46)	47	000	(47)の19%又は23.2%相当額	50	

地 方 法 人 税 額 の 計 算

所得の金額に対する法人税額(28)	51	157,000	(51)の10.3%相当額	53	16,171
課税留保金額に対する法人税額(29)	52	000	(52)の10.3%相当額	54	

こ の 申 告 が 修 正 申 告 で あ る 場 合 の 計 算

この法人税額の計算	法 人 税 額	55		地方法人税額の計算	確定地方法人税額	58	
	この申告前の還付金額	56	外		この申告前の還付金額	59	
					欠損金の繰戻しによる還付金額	60	
	この申告により納付すべき法人税額又は減少する還付請求税額((15)-(55))若しくは((15)+(56))又は((56)-(24))	57	外 00		この申告により納付すべき地方法人税額((40)-(58))若しくは((40)+(59)+(60)) 又は(((59)-(43))+(60)-(43の外書))	61	00

土 地 譲 渡 税 額 の 内 訳

土 地 譲 渡 税 額 (別表三(二)「25」)	62	0	土 地 譲 渡 税 額 (別表三(三)「21」)	64	00
同 上 (別表三(二の二)「26」)	63	0			

地 方 法 人 税 額 に 係 る 外 国 税 額 の 控 除 額 の 計 算

外 国 税 額 (別表六(二)「56」)	65		控除しきれなかった金額 (65)-(66)	67	
控 除 し た 金 額 (37)	66				

書式3　別表二

同族会社等の判定に関する明細書

事業年度	5・10・1 6・9・30	法人名	株式会社 緑商会

別表二　令六・四・一以後終了事業年度分

同族会社の判定

期末現在の発行済株式の総数又は出資の総額	1	内	500
(19)と(21)の上位3順位の株式数又は出資の金額	2		500
株式数等による判定 (2)/(1)	3		100.0 %
期末現在の議決権の総数	4	内	
(20)と(22)の上位3順位の議決権の数	5		
議決権の数による判定 (5)/(4)	6		%
期末現在の社員の総数	7		
社員の3人以下及びこれらの同族関係者の合計人数のうち最も多い数	8		
社員の数による判定 (8)/(7)	9		%
同族会社の判定割合 ((3)、(6)又は(9)のうち最も高い割合)	10		100.0

特定同族会社の判定

(21)の上位1順位の株式数又は出資の金額	11		
株式数等による判定 (11)/(1)	12		%
(22)の上位1順位の議決権の数	13		
議決権の数による判定 (13)/(4)	14		%
(21)の社員の1人及びその同族関係者の合計人数のうち最も多い数	15		
社員の数による判定 (15)/(7)	16		%
特定同族会社の判定割合 ((12)、(14)又は(16)のうち最も高い割合)	17		

判　定　結　果	18	特　定　同　族　会　社 **同　族　会　社** 非　同　族　会　社

判定基準となる株主等の株式数等の明細

順位		判定基準となる株主(社員)及び同族関係者		判定基準となる株主等との続柄	株式数又は出資の金額等			
株式数等	議決権数	住所又は所在地	氏名又は法人名		被支配会社でない法人株主等		その他の株主等	
					株式数又は出資の金額 19	議決権の数 20	株式数又は出資の金額 21	議決権の数 22
1		東京都品川区XXX 1-2-4	鈴木　太郎	本　人			500	

第4章　法人税の申告と申告書の作成

書式4 別表四(簡易様式)

所得の金額の計算に関する明細書(簡易様式)

事業年度 5・10・1 ~ 6・9・30
法人名 株式会社 緑商会

区　分		総　額 ①	処　分	
			留　保 ②	社外流出 ③
当期利益又は当期欠損の額	1	736,145 円	736,145 円	配当　　　　円 その他
加算 損金経理をした法人税及び地方法人税(附帯税を除く。)	2			
損金経理をした道府県民税及び市町村民税	3			
損金経理をした納税充当金	4	300,000	300,000	
損金経理をした附帯税(利子税を除く。)、加算金、延滞金(延納分を除く。)及び過怠税	5			その他
減価償却の償却超過額	6	17,889	17,889	
役員給与の損金不算入額	7			その他
交際費等の損金不算入額	8			その他
通算法人に係る加算額(別表四付表「5」)	9			外※
	10			
小　計	11	317,889	317,889	外※
減算 減価償却超過額の当期認容額	12			
納税充当金から支出した事業税等の金額	13	4,800	4,800	
受取配当等の益金不算入額(別表八(一)「5」)	14			※
外国子会社から受ける剰余金の配当等の益金不算入額(別表八(二)「26」)	15			※
受贈益の益金不算入額	16			※
適格現物分配に係る益金不算入額	17			※
法人税等の中間納付額及び過誤納に係る還付金額	18			
所得税額及び欠損金の繰戻しによる還付金額等	19			※
通算法人に係る減算額(別表四付表「10」)	20			※
	21			
小　計	22	4,800	4,800	外※
仮　計 (1)+(11)-(22)	23	1,049,234	1,049,234	外※
対象純支払利子等の損金不算入額(別表十七(二の二)「29」又は「34」)	24			その他
超過利子額の損金算入額(別表十七(二の三)「10」)	25	△		※　　△
仮　計 ((23)から(25)までの計)	26	1,049,234	1,049,234	外※
寄附金の損金不算入額(別表十四(二)「24」又は「40」)	27			その他
法人税額から控除される所得税額(別表六(一)「6の③」)	29	766		その他　　766
税額控除の対象となる外国法人税の額(別表六(二の二)「7」)	30			その他
分配時調整外国税相当額及び外国関係会社等に係る控除対象所得税額等相当額(別表六(五の二)「5の②」)+(別表十七(三の六)「1」)	31			その他
合　計 (26)+(27)+(29)+(30)+(31)	34	1,050,000	1,049,234	外※　　766
中間申告における繰戻しによる還付に係る災害損失欠損金額の益金算入額	37			※
非適格合併又は残余財産の全部分配等による移転資産等の譲渡利益額又は譲渡損失額	38			※
差　引　計 (34)+(37)+(38)	39	1,050,000	1,049,234	外※　　766
更生欠損金又は民事再生等評価換えが行われる場合の再生等欠損金の損金算入額(別表七(三)「9」又は「21」)	40	△		※　　△
通算対象欠損金額の損金算入額又は通算対象所得金額の益金算入額(別表七の二「5」又は「11」)	41			※
差　引　計 (39)+(40)±(41)	43	1,050,000	1,049,234	外※　　766
欠損金等の当期控除額(別表七(一)「4の計」+(別表七(四)「10」)	44	△		※　　△
総　計 (43)+(44)	45			外※
残余財産の確定の日の属する事業年度に係る事業税及び特別法人事業税の損金算入額	51	△	△	
所得金額又は欠損金額	52	1,050,000	1,049,234	外※　　766

書式5 別表五（一）

利益積立金額及び資本金等の額の計算に関する明細書

事業年度：5・10・1 ～ 6・9・30
法人名：株式会社 緑商会

別表五（一）　令六・四・一以後終了事業年度分

御注意
この表は、通常の場合には次の式により検算ができます。
期首現在利益積立金額合計「31」①＋別表四留保所得金額又は欠損金額「52」－中間分・確定分の法人税等、道府県民税及び市町村民税の合計額＝差引翌期首現在利益積立金額合計「31」④

I 利益積立金額の計算に関する明細書

区　分		期首現在利益積立金額 ①	当期の減 ②	当期の増 ③	差引翌期首現在利益積立金額 ①－②＋③ ④
利　益　準　備　金	1	円	円	円	円
別　途　積　立　金	2	2,000,000			2,000,000
減価償却超過額	3			17,889	17,889
	4				
	5				
	6				
	7				
	8				
	9				
	10				
	11				
	12				
	13				
	14				
	15				
	16				
	17				
	18				
	19				
	20				
	21				
	22				
	23				
	24				
繰越損益金（損は赤）	25	1,120,000	1,120,000	1,756,145	1,756,145
納　税　充　当　金	26	202,300	202,300	300,000	300,000
未納法人税等（附帯税を除く。） 未納法人税及び未納地方法人税	27	△ 15,000	△ 15,000	中間 △ 確定 △172,800	△ 172,800
未払通算税効果額（附帯税の額に係る部分を除く。）	28			中間 確定	
未納道府県民税（均等割を含む。）	29	△ 182,500	△ 182,500	中間 △ 確定 △81,000	△ 81,000
未納市町村民税（均等割を含む。）	30	△	△	中間 △ 確定 △	△
差　引　合　計　額	31	3,124,800	1,124,800	1,820,234	3,820,234

II 資本金等の額の計算に関する明細書

区　分		期首現在資本金等の額 ①	当期の減 ②	当期の増 ③	差引翌期首現在資本金等の額 ①－②＋③ ④
資本金又は出資金	32	25,000,000 円	円	円	25,000,000 円
資　本　準　備　金	33	5,000,000			5,000,000
	34				
	35				
差　引　合　計　額	36	30,000,000			30,000,000

第4章　法人税の申告と申告書の作成　151

書式6 別表五（二）

租税公課の納付状況等に関する明細書

事業年度 5・10・1 ～ 6・9・30
法人名 株式会社 緑商会

別表五(二) 令六・四・一以後終了事業年度分

税目及び事業年度				期首現在未納税額 ①	当期発生税額 ②	当期中の納付税額 充当金取崩しによる納付 ③	仮払経理による納付 ④	損金経理による納付 ⑤	期末現在未納税額 ①+②-③-④-⑤ ⑥
法人税及び地方法人税		・　・	1	円		円	円	円	円
	4・10・1 5・9・30		2	15,000		15,000			0
	当期分	中　間	3		円				
		確　定	4		172,800				172,800
		計	5	15,000	172,800	15,000			172,800
道府県民税		・　・	6						
	4・10・1 5・9・30		7	182,500		182,500			0
	当期分	中　間	8						
		確　定	9		81,000				81,000
		計	10	182,500	81,000	182,500			81,000
市町村民税		・　・	11						
		・　・	12						
	当期分	中　間	13						
		確　定	14						
		計	15						
事業税及び特別法人事業税		・　・	16						
	4・10・1 5・9・30		17		4,800	4,800			0
	当期中間分		18						
		計	19		4,800	4,800			0
そ の 他	損金算入のもの	利　子　税	20						
		延　滞　金 (延納に係るもの)	21						
		印紙税	22		160,000			160,000	0
			23						
	損金不算入のもの	加算税及び加算金	24						
		延　滞　税	25						
		延　滞　金 (延納分を除く。)	26						
		過　怠　税	27						
		源泉所得税	28		766			766	0
			29						

納税充当金の計算

期首納税充当金	30	202,300 円		取崩額 その他	損金算入のもの	36	円
繰入額	損金経理をした納税充当金	31	300,000		損金不算入のもの	37	
		32				38	
	計 (31)+(32)	33	300,000		仮払税金消却	39	
取崩額	法人税額等 (5の③)+(10の③)+(15の③)	34	197,500		計 (34)+(35)+(36)+(37)+(38)+(39)	40	202,300
	事業税及び特別法人事業税 (19の③)	35	4,800		期末納税充当金 (30)+(33)-(40)	41	300,000

通算法人の通算税効果額の発生状況等の明細

事業年度		期首現在未決済額 ①	当期発生額 ②	当期中の決済額 支払額 ③	受取額 ④	期末現在未決済額 ⑤
	・　・	42	円		円	円	円
	・　・	43					
当期分		44		中間　　円 確定			
	計	45					

152

書式7　別表六（一）

所得税額の控除に関する明細書

事業年度: 5・10・1 ～ 6・9・30
法人名: 株式会社 緑商会

別表六(一)　令六・四・一以後終了事業年度分

区　分		収入金額 ①	①について課される所得税額 ②	②のうち控除を受ける所得税額 ③
公社債及び預貯金の利子、合同運用信託、公社債投資信託及び公社債等運用投資信託（特定公社債等運用投資信託を除く。）の収益の分配並びに特定公社債等運用投資信託の受益権及び特定目的信託の社債的受益権に係る剰余金の配当	1	5,002 円	766 円	766 円
剰余金の配当（特定公社債等運用投資信託の受益権及び特定目的信託の社債的受益権に係るものを除く。）、利益の配当、剰余金の分配及び金銭の分配（みなし配当等を除く。）	2			
集団投資信託（合同運用信託、公社債投資信託及び公社債等運用投資信託（特定公社債等運用投資信託を除く。）を除く。）の収益の分配	3			
割引債の償還差益	4			
その他	5			
計	6	5,002	766	766

剰余金の配当（特定公社債等運用投資信託の受益権及び特定目的信託の社債的受益権に係るものを除く。）、利益の配当、剰余金の分配及び金銭の分配（みなし配当等を除く。）、集団投資信託（合同運用信託、公社債投資信託及び公社債等運用投資信託（特定公社債等運用投資信託を除く。）を除く。）の収益の分配又は割引債の償還差益に係る控除を受ける所得税額の計算

個別法による場合

銘柄	収入金額 7	所得税額 8	配当等の計算期間 9	(9)のうち元本所有期間 10	所有期間割合 (10)/(9) 11 (小数点以下3位未満切上げ)	控除を受ける所得税額 (8)×(11) 12
	円	円	月	月		円
					××	

銘柄別簡便法による場合

銘柄	収入金額 13	所得税額 14	配当等の計算期末の所有元本数等 15	配当等の計算期首の所有元本数等 16	(15)-(16) 2又は12 （マイナスの場合は0） 17	所有元本割合 (16)+(17) (15) 18 (小数点以下3位未満切上げ) (1を超える場合は1)	控除を受ける所得税額 (14)×(18) 19
	円	円				××	円
						××	
						××	

その他に係る控除を受ける所得税額の明細

支払者の氏名又は法人名	支払者の住所又は所在地	支払を受けた年月日	収入金額 20	控除を受ける所得税額 21	参考
		・　・	円	円	
		・　・			
		・　・			
		・　・			
		計			

書式8　別表十五

交際費等の損金算入に関する明細書

事業年度	5・10・1 6・9・30	法人名	株式会社 緑商会

支出交際費等の額 (8の計)	1	450,000円
支出接待飲食費損金算入基準額 (9の計) × $\frac{50}{100}$	2	150,000
中小法人等の定額控除限度額 ((1)と((800万円 × $\frac{12}{12}$)又は(別表十五付表「5」))のうち少ない金額)	3	450,000

損金算入限度額 (2)又は(3)	4	450,000円
損金不算入額 (1)－(4)	5	0円

別表十五　令六・四・一以後終了事業年度分

支出交際費等の額の明細

科目	支出額 6	交際費等の額から控除される費用の額 7	差引交際費等の額 8	(8)のうち接待飲食費の額 9
交際費	600,000円	150,000円	450,000円	300,000円
計	600,000	150,000	450,000	300,000

書式9 別表十六（二）

旧定率法又は定率法による減価償却資産の償却額の計算に関する明細書

事業年度	5・10・1 ～ 6・9・30	法人名	株式会社 緑商会

	種類	1	車両運搬具	工具器具備品			
資産区分	構造	2		事務機器			
	細目	3	自動車	複合機			
	取得年月	4	令3・9・22	令5・4・10	・・	・・	・・
	事業の用に供した年月	5	令和3年9月	令和5年4月			
	耐用年数	6	6 年	5 年	年	年	年
取得価額	取得価額又は製作価額	7	外 3,000,000 円	外 1,000,000 円	外 円	外 円	外 4,000,000 円
	(7)のうち積立金方式による圧縮記帳の場合の償却額計算の対象となる取得価額に算入しない金額	8					
	差引取得価額 (7)－(8)	9	3,000,000	1,000,000			4,000,000
償却額計算の基礎となる額	償却額計算の対象となる期末現在の帳簿記載金額	10	847,631	480,000			1,327,631
	期末現在の積立金の額	11					
	積立金の期中取崩額	12					
	差引帳簿記載金額 (10)－(11)－(12)	13	外△ 847,631	外△ 480,000	外△	外△	外△ 1,327,631
	損金に計上した当期償却額	14	450,000	320,000			770,000
	前期から繰り越した償却超過額	15	外	外	外	外	外
	合計 (13)＋(14)＋(15)	16	1,297,631	800,000			2,097,631
	前期から繰り越した特別償却不足額又は合併等特別償却不足額	17					
	償却額計算の基礎となる金額 (16)－(17)	18	1,297,631	800,000			2,097,631
当期分の普通償却限度額等	差引取得価額 × 5% (9)×5/100	19					
平成19年3月31日以前取得分	旧定率法の償却率	20					
	算出償却額 (18)×(20)	21	円	円	円	円	円
	増加償却額 (21)×割増率	22	( )	( )	( )	( )	( )
	計 (21)+(22)又は(18)－(19)	23					
	算出償却額 ((19)－1円)×12/60	24					
平成19年4月1日以後取得分	定率法の償却率	25	0.333	0.400			
	調整前償却額 (18)×(25)	26	432,111 円	320,000 円	円	円	752,111 円
	保証率	27	0.09911	0.10800			
	償却保証額 (9)×(27)	28	297,330	108,000			405,330
	改定取得価額	29					
	改定償却率	30					
	改定償却額 (29)×(30)	31	円	円	円	円	円
	増加償却額 ((26)又は(31))×割増率	32	( )	( )	( )	( )	( )
	計 (26)又は(31))＋(32)	33	432,111	320,000			752,111
	当期分の普通償却限度額等 (23)、(24)又は(33)	34	432,111	320,000			752,111
	租税特別措置法適用条項	35	条 項	条 項	条 項	条 項	条 項
	特別償却限度額	36	外 円	外 円	外 円	外 円	外 円
	前期から繰り越した特別償却不足額又は合併等特別償却不足額	37					
	合計 (34)＋(36)＋(37)	38	432,111	320,000			752,111
	当期償却額	39	450,000	320,000			770,000
差引	償却不足額 (38)－(39)	40					
	償却超過額 (39)－(38)	41	17,889				17,889
償却超過額	前期からの繰越額	42	外	外	外	外	外
	当期損金認容額 償却不足によるもの	43					
	積立金取崩しによるもの	44					
	差引合計翌期への繰越額 (41)＋(42)－(43)－(44)	45	17,889				17,889
特別償却不足額	翌期に繰り越すべき特別償却不足額 (((40)-(43))と((36)+(37))のうち少ない金額)	46					
	当期において切り捨てる特別償却不足額又は合併等特別償却不足額	47					
	差引翌期への繰越額 (46)－(47)	48					
	翌期繰越額の内訳	49					
	当期分不足額	50					
	適格組織再編成により引き継ぐべき合併等特別償却不足額 (((40)-(43))と(36)のうち少ない金額)	51					

備考

別表十六(二) 令六・四・一以後終了事業年度分

書式10 別表七（一）

欠損金の損金算入等に関する明細書

事業年度	5・12・1 6・11・30	法人名	ナカムラ商事㈱

控除前所得金額 (別表四「43の①」)	1	45,000,000 円	損金算入限度額 (1) × 50又は100/100	2	22,500,000 円

事業年度	区　分	控除未済欠損金額 3	当期控除額 (当該事業年度の(3)と((2)-当該事業年度前の(4)の合計額))のうち少ない金額) 4	翌期繰越額 ((3)-(4))又は(別表七(四)「15」) 5
・・	青色欠損・連結みなし欠損・災害損失	円	円	
・・	青色欠損・連結みなし欠損・災害損失			円
・・	青色欠損・連結みなし欠損・災害損失			
・・	青色欠損・連結みなし欠損・災害損失			
・・	青色欠損・連結みなし欠損・災害損失			
30・12・1 1・11・30	ⓐ青色欠損・連結みなし欠損・災害損失	1,000,000	1,000,000	0
1・12・1 2・11・30	ⓐ青色欠損・連結みなし欠損・災害損失	2,000,000	2,000,000	0
2・12・1 3・11・30	ⓐ青色欠損・連結みなし欠損・災害損失	300,000	300,000	0
3・12・1 4・11・30	ⓐ青色欠損・連結みなし欠損・災害損失	500,000	500,000	0
4・12・1 5・11・30	ⓐ青色欠損・連結みなし欠損・災害損失	200,000	200,000	0
	計	4,000,000	4,000,000	0

当期分	欠損金額 (別表四「52の①」)		欠損金の繰戻し額	
	同上のうち	青色欠損金額		
		災害損失欠損金額	(16の③)	
	合　計			0

災害により生じた損失の額がある場合の繰越控除の対象となる欠損金額等の計算

災害の種類		災害のやんだ日又はやむを得ない事情のやんだ日	・・
災害を受けた資産の別	棚卸資産 ①	固定資産 (固定資産に準ずる繰延資産を含む。) ②	計 ①+② ③

当期の欠損金額 (別表四「52の①」)	6			円
災害により生じた損失の額	資産の滅失等により生じた損失の額	7	円	円	
	被害資産の原状回復のための費用等に係る損失の額	8			
	被害の拡大又は発生の防止のための費用に係る損失の額	9			
	計 (7)+(8)+(9)	10			
保険金又は損害賠償金等の額	11			
差引災害により生じた損失の額 (10)-(11)	12			
同上のうち所得税額の還付又は欠損金の繰戻しの対象となる災害損失金額	13			
中間申告における災害損失欠損金の繰戻し額	14			
繰戻しの対象となる災害損失欠損金額 ((6の③)と((13の③)-(14の③))のうち少ない金額)	15			
繰越控除の対象となる欠損金額 ((6の③)と((12の③)-(14の③))のうち少ない金額)	16			

書式11　別表十一（一）

個別評価金銭債権に係る貸倒引当金の損金算入に関する明細書			事業年度	5・10・1 6・9・30	法人名	株式会社 緑商会	別表十一（一）　令六・四・一以後終了事業年度分

債務者	住所又は所在地	1	東京都練馬区 ○-×				計
	氏名又は名称 （外国政府等の別）	2	山田衣料㈱ (　　)	(　　)	(　　)	(　　)	
個別評価の事由		3	令第96条第1項 第 3 号 該当	令第96条第1項 第　号 該当	令第96条第1項 第　号 該当	令第96条第1項 第　号 該当	
同上の発生時期		4	6・7・25	・・	・・	・・	
当期繰入額		5	500,000 円	円	円	円	500,000 円
繰入限度額の計算	個別評価金銭債権の額	6	1,000,000				1,000,000
	(6)のうち5年以内に弁済される金額 (令第96条第1項第1号に該当する場合)	7					
	(6)のうち担保権の実行による取立て等の見込額	8					
	他の者の保証による取立て等の見込額	9					
	その他による取立て等の見込額	10					
	(8)+(9)+(10)	11					
	(6)のうち実質的に債権とみられない部分の金額	12					
	(6)-(7)-(11)-(12)	13	1,000,000				
	令第96条第1項第1号該当 (13)	14					円
	令第96条第1項第2号該当 (13)	15					
	令第96条第1項第3号該当 (13) × 50%	16	500,000				500,000
	令第96条第1項第4号該当 (13) × 50%	17					
繰入限度超過額 (5)-((14)、(15)、(16)又は(17))		18	0				0
貸倒実績率の計算の基礎となる金額の明細	貸倒れによる損失の額等の合計額に加える金額 (6)の個別評価金銭債権が売掛債権等である場合の(5)と((14)、(15)、(16)又は(17))のうち少ない金額)	19		(4) ×			
	前期の個別評価金銭債権の額 (前期の(6))	20					
	(20)の個別評価金銭債権が売掛債権等である場合の当該個別評価金銭債権に係る損金算入額 (前期の(19))	21					
	(21)に係る売掛債権等が当期において貸倒れとなった場合のその貸倒れとなった金額	22					
	(21)に係る売掛債権等が当期においても個別評価の対象となった場合のその対象となった金額	23					
	(22)又は(23)に金額の記載がある場合の(21)の金額	24					

第4章　法人税の申告と申告書の作成　157

書式12　別表三（一）

特定同族会社の留保金額に対する税額の計算に関する明細書

事業年度　5・12・1 ～ 6・11・30　　法人名　ナカムラ商事㈱

別表三（一）　令六・四・一以後終了事業年度分

留保金額に対する税額の計算

課税留保金額			税額		
年3,000万円相当額以下の金額 ((21) 又は (3,000万円 × □/12) のいずれか少ない金額)	1	12,220,000 円	(1) の 10 % 相当額	5	1,222,000 円
年3,000万円相当額を超え年1億円相当額以下の金額 (((21) − (1)) 又は (1億円 × □/12 − (1)) のいずれか少ない金額)	2	000	(2) の 15 % 相当額	6	
年1億円相当額を超える金額 (21) − (1) − (2)	3	000	(3) の 20 % 相当額	7	
計 (21) (1) + (2) + (3)	4	12,220,000	計 (5) + (6) + (7)	8	1,222,000

課税留保金額の計算

				住民税額の計算の基礎となる法人税額			
当期留保金額	留保所得金額 (別表四「52の②」)	9	44,000,000 円	中小企業者等以外の法人 (別表一「2」+「4」+「6」+「9の外書」−「11」−「17」)−(別表六（六）「3」+「9の②」+「9の④」から「9の⑦」までの合計+「9の⑬」から「9の⑰」までの合計+「9の㉑」から「9の㉙」までの合計)	22	9,594,000 円
	前期末配当等の額(通算法人間配当等の額を除く。) (前期の「11」)	10	1,000,000			
	当期末配当等の額(通算法人間配当等の額を除く。)	11	1,200,000	中小企業者等 (別表一「2」+「4」+「6」+「9の外書」−「11」−「17」)−(別表六（六）「3」+「9の②」+「9の⑦」)までの合計+「9の⑬」から「9の⑰」までの合計+「9の⑳」から「9の㉒」までの合計+「9の㉖」から「9の㉙」までの合計)	23	
留保金額の計算	法人税額及び地方法人税額の合計額 (((別表一「2」+「4」+「6」+「9の外書」−「11」−「18」)−(別表六（五の二）「5の③」) と0のいずれか多い金額)+ ((別表一「31」+「32」−「36」−「65」) と0のいずれか多い金額)−((別表六（五の二）「2」−「3」+「4」+「6」+「9の外書」) と0のいずれか多い金額) (マイナスの場合は0)	12	10,016,136			
	住民税額 (28)	13	1,563,822	住民税額 ((22) 又は (23)) × 10.4%	24	997,776
	外国関係会社等に係る控除対象所得税額等相当額 (別表十七(三の六)「1」)	14				
	法人税額等の合計額 (12) + (13) − (14) (マイナスの場合は0)	15	11,579,958	特定寄附金の額の合計額に係る控除額 (特定寄附金の額の合計額) × 40%	25	
	通算法人の留保金加算額 (別表三（一）付表一「5」)	16				
	通算法人の留保金控除額 (別表三（一）付表二「10」)	17		調整地方税額に係る控除額 ((24) + 別表一「11」+「17」) × 10.4% − (別表六（二）付表六「7の計」) × 10.4%) × 20% (マイナスの場合は0)	26	
	他の法人の株式又は出資の基準時の直前における帳簿価額から減算される金額 (別表三（一）付表一「19」)	18				
	当期留保金額 (9) + (10) − (11) − (15) + (16) − (17) − (18)	19	32,220,042	住民税額から控除される金額 ((25) 又は (26) のいずれか少ない金額)	27	
	留保控除額 (別表三（一）付表「33」)	20	20,000,000			
	課税留保金額 (19) − (20)	21	12,220,000	住民税額 (24) − (27)	28	997,776

書式13　事業年度分の適用額明細書

様式第一	FB4011

令和 6 年 11 月 25 日
品川 税務署長殿

自 平成・令和 05 年 10 月 01 日
至 平成・令和 06 年 09 月 30 日

事業年度分の適用額明細書
（当初提出分）・再提出分）

納税地	東京都品川区×××1-2-3　電話(03)××××-××××
(フリガナ)	カブシキガイシャ ミドリショウカイ
法人名	株式会社 緑商会
法人番号	
期末現在の資本金の額又は出資金の額	25,000,000 円
所得金額又は欠損金額	1,050,000 円

整理番号	××××××××
提出枚数	01 枚　うち 01 枚目
事業種目	衣料品小売業　業種番号 43
提出年月日	令和　年　月　日

租税特別措置法の条項	区分番号	適用額
第 42 条の3の2 第 1 項第 1 号	00380	1,050,000
第　条　第　項　第　号		
第　条　第　項　第　号		
第　条　第　項　第　号		
第　条　第　項　第　号		
第　条　第　項　第　号		
第　条　第　項　第　号		
第　条　第　項　第　号		
第　条　第　項　第　号		
第　条　第　項　第　号		
第　条　第　項　第　号		
第　条　第　項　第　号		
第　条　第　項　第　号		
第　条　第　項　第　号		
第　条　第　項　第　号		
第　条　第　項　第　号		
第　条　第　項　第　号		
第　条　第　項　第　号		

10 申告手続きについて知っておこう

申告納付期限は原則として決算日後2か月以内である

● 法人税の確定申告

　会社（法人）の利益に対する課税は、申告納税制度をとっています。申告納税制度とは会社が自らその所得と税額を計算し、確定申告をして納付するという方法です。そのため、各事業年度終了の日の翌日から2か月以内に、所轄の税務署長に対し、確定した決算に基づき、その事業年度の課税標準である所得金額または欠損金額、法人税法により計算した法人税額等を記載した申告書を提出しなければなりません。法人税額は、確定申告書の提出期限までに納付しなければならないことになっています。これが、法人税の確定申告納付です。

　なお、法人税は、株主総会の承認を得た確定決算を基に計算しますが、会計監査人監査などの必要性から、2か月以内に決算が確定しない場合があります。このような場合には、届出書を提出し、1か月間の申告期限の延長をします。

● 中間申告をするケース

　会社（法人）事業年度が6か月を超える場合には、その事業年度開始の日以降6か月を経過した日から2か月以内に中間申告をしなければなりません。中間申告には、次の2つの方法があります。

① **前年実績による予定申告**

　前期事業年度の法人税の6か月換算額で申告する方法です。ただし、前期の法人税額×1/2が10万円以下の場合は予定申告納付の必要はありません。

② **仮決算による中間申告**

その事業年度開始の日から6か月の期間を一事業年度とみなして申告する方法です。

● 修正申告・更正と延滞税

申告した法人税が少なかった場合、正しい税額を申告し直すことが必要になってきます。この申告を修正申告といいます。税務調査などで誤りが指摘された場合、調査官から修正申告をするよう指示されます。万が一調査官の言い分に納得がいかない場合には、修正申告を拒否することもできます。しかし修正申告を拒否したからといって、追徴課税から免れられるわけではありません。この場合、税務署から更正処分を受ける可能性があります。

また、修正申告により税額が増額すると、延滞税等が課税される場合があります。延滞税とは、法定納期限の翌日から納付日までの日数に応じて徴収される、利息に相当する税金です。延滞した日数が2か月までの場合は年2.4％（令和4年1月1日から令和6年12月31日までの期間）、2か月を経過した日以後は年8.7％（令和4年1月1日から令和6年12月31日までの期間）の割合となります。

● 青色申告と白色申告

法人税の確定申告の仕方には、申告用紙の色に由来する「青色申告」と「白色申告」という2種類の申告形式があります。

青色申告とは、一定の帳簿書類を備えて日々の取引を複式簿記の原則に従い整然かつ明瞭に記録し、その記録に基づいて申告することをいいます。白色申告とは、青色申告以外の申告を指します。簡易な方法による記帳が認められ、青色申告では必要とされる仕訳帳や総勘定元帳の作成は義務付けられません。

● 法人税の申告の方法

　法人税の申告を行う場合の法人税申告書の提出方法は、電子申告（e-Tax：イータックス）、持参または郵送で行うことができます。前述しましたが、法人の確定申告の申告期限及び納期限は事業年度終了の日の翌日から2か月以内です（申告期限が、土曜日・日曜日・国民の祝日、12月29日から翌年1月3日までの日の場合は、その翌日が期限になります）。

　申告書の提出日は、申告書が税務署に到達したときであると一般的に考えられています。郵送による申告書提出については特別な扱いがあり、郵便物の消印日で判断されます。電子申告の場合は、e-Taxの送信結果として示される「受付日時」が提出日となります。

　なお、資本金が1億円超などの一定の会社の場合には、電子申告が強制されています。

■ 法人税の申告納税方法

法人税の 確定申告納付	事業年度終了の日の翌日から2か月以内に申告納付
法人税の 中間申告納付	前年実績による予定申告 　…前事業年度の法人税の6か月換算額を申告納付 仮決算による中間申告 　…事業年度開始の日から6か月間を1事業年度とみなして申告納付
修正申告納付	申告した法人税が少なかった場合に正しい税額を申告納付

青色申告をするための手続きについて知っておこう

一定期限内に「青色申告の承認申請書」を提出する必要がある

◉ 青色申告の要件は2つある

　所得税では、青色申告することができる者を「不動産所得・事業所得・山林所得」を生ずべき業務を行う者に限定していますが、法人税については、業種を問わず、次ページ図の2つの要件を満たすことで青色申告をすることができるとされています。青色申告の承認を受けようとする法人は、その事業年度開始の日の前日までに、「青色申告承認申請書」(165ページ)を納税地の所轄税務署長に提出しなければなりません。

　ただし、設立第1期の場合には、設立の日以後3か月を経過した日と、設立第1期の事業年度終了の日とのどちらか早い日の前日までに申請書を提出することになっています。申請書を期限内に提出することができなかった場合、その事業年度は青色申告をすることができませんので注意が必要です。

　青色申告法人は、その資産・負債及び資本に影響を及ぼす一切の取引を複式簿記の原則に従い、整然かつ明瞭に記録し、その記録に基づいて決算を行わなければならないことになっています。また、青色申告法人は、仕訳帳・総勘定元帳・棚卸表その他必要な書類を備えなければならないことになっており、かつ、その事業年度終了の日現在において、貸借対照表及び損益計算書を作成しなければなりません。

　仕訳帳・総勘定元帳・棚卸表には、次の事項を記載します。
① 　仕訳帳：取引の発生順に、取引の年月日・内容・勘定科目及び金額
② 　総勘定元帳：その勘定ごとに取引の年月日・相手方勘定科目及び金額

③　棚卸表：その事業年度終了の日の商品・製品等の棚卸資産の種類・品質及び型の異なるごとに数量・単価及び金額

● 青色申告法人と推計課税

　法人税法では、推計課税といって、税務署長の推測で税額を決めることができる規定があります。現行の申告納税制度は、納税者自らの計算のもとに実額で申告し、税を納付する制度です。

　このような実額のチェックが税務調査では不可能である場合に、間接資料に基づいて所得を推計し、更正・決定するというのがこの規定の趣旨です。したがって、適正な帳簿備付けを要件とする青色申告法人については推計課税により更正または決定をすることはできません。

　青色申告法人の更正は、その帳簿書類を調査し、その調査により申告に誤りがあると認められる場合に限られます。

　なお、決定とは、申告書を提出すべき人がその申告書を提出しなかった場合に、調査等により税務署長がその納付すべき税額を確定させる処分のことです。決定は、決定通知書の送達により行われます。決定処分を行うことができるのは、原則として法定申告期限から5年間です。

■ 青色申告をするには

| 青色申告の承認を受けようとする法人 | | 一定期限内に「青色申告の承認申請書」を提出 |

青色申告の要件
1．法定の帳簿書類を備え付けて取引を記録し、かつ保存すること
2．納税地の税務署長に青色申告の承認の申請書を提出して、あらかじめ承認を受けること

書式14　青色申告承認申請書

青色申告の承認申請書

※整理番号

令和6年1月18日

葛飾 税務署長殿

納税地	〒125-○○○○ 東京都葛飾区××○丁目○番○号 電話(03)○○○○-○○○○
(フリガナ)	カブシキガイシャ　カー・シャイン・ボーイ
法人名等	株式会社カー・シャイン・ボーイ
法人番号	××××××××××××
(フリガナ)	クルマ　センノスケ
代表者氏名	車　洗之助
代表者住所	〒125-○○○○ 東京都葛飾区××○丁目○番○号
事業種目	自動車洗車サービス　業
資本金又は出資金額	2,000,000　円

自令和6年4月1日
至令和7年3月31日

事業年度から法人税の申告書を青色申告書によって提出したいので申請します。

記

1　次に該当するときには、それぞれ□にレ印を付すとともに該当の年月日等を記載してください。

□ 青色申告書の提出の承認を取り消され、又は青色申告書による申告書の提出をやめる旨の届出書を提出した後に再び青色申告書の提出の承認を申請する場合には、その取消しの通知を受けた日又は取りやめの届出書を提出した日
平成・令和　年　月　日

☑ この申請後、青色申告書を最初に提出しようとする事業年度が設立第一期等に該当する場合には、内国法人である普通法人若しくは協同組合等にあってはその設立の日、内国法人である公益法人等若しくは人格のない社団等にあっては新たに収益事業を開始した日、公共法人に該当していた収益事業を行う公益法人等にあっては当該公益法人等に該当することとなった日、又は公共法人若しくは収益事業を行っていない公益法人等に該当していた普通法人若しくは協同組合等にあっては当該普通法人若しくは協同組合等に該当することとなった日
平成・㊝6年4月1日

□ 所得税法等の一部を改正する法律（令和2年法律第8号）（以下「令和2年改正法」といいます。）による改正前の法人税法（以下「令和2年旧法人税法」といいます。）第4条の5第1項（連結納税の承認の取消し）の規定により連結納税の承認を取り消された後に青色申告書の提出の承認を申請する場合には、その取り消された日
平成・令和　年　月　日

□ 令和2年旧法人税法第4条の5第2項各号の規定により連結納税の承認を取り消された場合には、同項各号のうち、取消しの基因となった事実に該当する号及びその事実が生じた日
令和2年旧法人税法第4条の5第2項第　号
平成・令和　年　月　日

□ 連結納税の取りやめの承認を受けた日を含む連結親法人事業年度の翌事業年度に青色申告書の提出をしようとする場合には、その承認を受けた日
令和　年　月　日

□ 令和2年改正法附則第29条第2項の規定による届出書を提出した日を含む最終の連結事業年度の翌事業年度に青色申告書の提出をしようとする場合には、その届出書を提出した日
令和　年　月　日

2　参考事項
(1) 帳簿組織の状況

伝票又は帳簿名	左の帳簿の形態	記帳の時期	伝票又は帳簿名	左の帳簿の形態	記帳の時期
現金出納帳	装丁帳簿	毎日	総勘定元帳	装丁帳簿	毎日
売掛帳　買掛帳	ルーズリーフ	随時	仕訳帳	ルーズリーフ	毎日
手形帳	ルーズリーフ	随時			

(2) 特別な記帳方法の採用の有無
　　伝票会計採用
　㊞ 電子計算機利用
(3) 税理士が関与している場合におけるその関与度合

税理士署名

※税務署処理欄	部門	決算期	業種番号	番号	入力	備考	通信日付印	年月日	確認

05.06改正

（規格A4）

12 法人住民税について知っておこう

道府県民税と市町村民税がある

● 法人住民税とは

　会社が納める住民税を法人住民税といいます。個人住民税と同じく、法人住民税にも道府県民税と市町村民税があります。ただし、東京特別区だけに所在する法人には、区の分と合わせて法人都民税というひとくくりの税金になります。法人住民税には、次の２つがあります。

① 均等割

　法人所得の黒字、赤字を問わず資本金等や従業員数等に応じて課税されるものです。道府県民税が最低２万円から５段階、市町村民税が最低５万円から９段階に分かれています。

　資本金等とは、次の(a)と(b)のいずれかの大きい額をいいます。

(a) 法人税法上の資本金等の額に次の項目を加減算したもの

・無償増資（加算）

　平成22年４月１日以降に、利益準備金またはその他利益剰余金による無償増資を行った場合には、その増資額を加算する。

・無償減資（減算）

　平成13年４月１日から平成18年４月30日までの間に、資本金または資本準備金の減少による欠損塡補を行った場合には、その欠損の塡補に充てた金額を控除する。また、平成18年５月１日以降に、剰余金による損失の塡補を行った場合、その損失の塡補に充てた金額を控除する（その他資本剰余金として計上してから一年以内に損失の塡補に充てた金額に限る）。

(b) 資本金及び資本準備金の合計額

② 法人税割

個人住民税における所得割に相当するもので、原則として国に納付する法人税額を基礎として課税されます。税率は、地方公共団体ごとに、「標準税率」（税率を定める場合に通常基準となる税率）と「制限税率」（最高税率のこと）の範囲内で定められています。国に納付する法人税額にこの税率を掛けて、税額が決まります。標準税率は、道府県民税が1.0％、市町村民税が6.0％となっています。

　法人住民税は、原則としてその都道府県・市区町村に事務所・事業所・寮等を有している会社が納める税金です。都道府県・市区町村に事務所・事業所を有する会社は、均等割額・法人税割額の両方が課税されます。赤字の会社では法人住民税のうち均等割だけが発生します。

　また、都道府県・市区町村内に寮などを有する会社でその都道府県・市区町村内に事務所・事業所等を有していない場合も、均等割額のみが課税されます。

　なお、次のような場合は、市区町村への届出が必要です。市区町村内に法人を設立または事業所を設置した場合は「設立等届出書」を提出します。また、市区町村内に事業所等がある法人で、事業年度、名称、所在地、代表者、資本金等の変更または法人の解散、清算結了、事業所の閉鎖等があったときは、「異動届出書」を提出する必要があります。「設立等届出書」「異動届出書」を提出する際は、登記事項証明書などの添付が必要です。

● 法人住民税の申告納付期限

　法人住民税も法人税と同様に「申告納税制度」によりますので、確定申告書を作成し、提出しなければなりません。

　申告納付期限は、法人税と同様、各事業年度終了の日の翌日から2か月以内です。ただし、法人税において確定申告書の延長の適用がある法人は、原則として、1か月間申告期限を延長できます。

● 中間申告が必要な法人のケース

　法人住民税の場合は、個人住民税と異なり中間申告制度が設けられています。事業年度が6か月を超える法人については、事業年度開始の日以後6か月を経過した日から2か月以内に中間申告書を提出し、住民税を納付する必要があります。

　中間申告方法も、法人税と同様に「仮決算」と「予定申告」の2種類の方法があります。仮決算の場合は対象年度の前半期を1事業年度とみなして法人住民税を計算し、予定申告の場合は前事業年度の法人住民税の2分の1を納付することになります。

　なお、中間申告書を提出しなかった場合は、予定申告をしたものとして、前事業年度の法人住民税の2分の1を納付することになります。ただし、法人税の中間申告義務がない場合は、法人住民税についても中間申告をする必要はありません。

● 複数の地域に営業所がある場合

　複数の都道府県や市町村に営業所などがある場合には、次のように法人税割を計算します。まず、当期の法人税額を各営業所の従業員の数で按分します。そして、各地方公共団体で定める税率をそれぞれ按分した法人税額に掛けて法人税割を求めます。均等割については、営業所が所在するそれぞれの都道府県や市区町村の定める均等割を納めます。

■ 法人住民税の概要

法人住民税	道府県民税	均等割額	資本金・従業員数等に応じて課税
		法人税割額	法人税額を基礎として課税
	市町村民税	均等割額	資本金・従業員数等に応じて課税
		法人税割額	法人税額を基礎として課税

法人事業税について知っておこう

行政サービスの経費の一部を負担する性格の税金である

● 法人事業税とは

　法人事業税とは、都道府県に事務所・事業所または国内に恒久的な施設を有し、事業を行う法人に課税されるもので、法人が都道府県から受けるサービスの経費の一部を負担する性格の税金です。

　事業税は、法人税や住民税などとは異なり、課税所得計算において一般の経費と同様に損金処理が認められています。

　法人事業税は、国内で事業を行う法人に課税されるものですが、国・都道府県・市区町村・公共法人には課税されません。また、公益法人等の公益事業に係る所得については、法人事業税が課税されませんが、公益法人等の収益事業については法人事業税が課税されます。

　法人事業税の課税標準は、電気供給業・ガス供給業・生命保険事業・損害保険事業を行う法人については、その法人の各事業年度の収入金額が、それ以外の事業を行う一般の法人については、各事業年度の所得金額が課税標準になります。資本金・床面積等の外形を使う方法もありますが、通常は所得金額を課税標準とする方法をとっています。

● 法人事業税の計算方法

　法人事業税の課税標準である各事業年度の所得金額は、法人税申告書「別表四」の「総計」の所得金額に一定の金額を加減算して求め、その所得金額に次の標準税率を乗じて法人事業税を計算します。

　一般法人（後述する外形標準課税適用法人を除く）の標準税率は、所得が年400万円以下では3.5％、年400万円超800万円以下では5.3％、年800万円超では7.0％となっています。事業税は地方税であることか

第4章　法人税の申告と申告書の作成

ら、各都道府県が条例で定めた規定によって課されるため、資本金の額や所得金額などに応じて税率が異なります。ただし、標準税率に1.2を乗じた税率の範囲内でしか適用することができません。

この他に、標準税率で計算された法人事業税（基準法人所得割額）に37％を掛けた額を特別法人事業税（国税）として合わせて納める必要があります。

● いつ申告・納付するのか

法人事業税も確定申告書（172ページ）を作成して申告納付しなければなりません。申告納付期限は、各事業年度終了の日の翌日から2か月以内です。

中間申告納付についても、その事業年度開始の日から6か月を経過した日から2か月以内に申告納付しなければなりません。法人税と同様に「予定申告」「仮決算」という2つの方法があります。

● 外形標準課税とは

外形標準課税とは、人件費や地代家賃の額、資本金の額などの客観的な判断基準を基に課税する制度です。収入金額で課税される法人以外で、資本金の額が1億円を超える一定の法人に対して、この外形標準課税が適用されます。

ただし、令和6年度税制改正により、令和7年4月1日以後開始する事業年度では、①前期に外形標準課税が適用され、当期に資本金が1億円以下になったとしても資本金および資本剰余金の合計が10億円超などの一定の法人や、②資本金および資本剰余金の合計が50億円を超える法人の100％子法人等のうち、資本金の額が1億円以下であっても、資本金および資本剰余金の合計が2億円超などの一定の法人に対して、外形標準課税が適用されることになりました。

このような外形標準課税適用法人では、法人の所得、付加価値額、

資本金等の額の3つの金額を課税標準として、それぞれの課税標準に一定税率を掛けたものを合算して法人事業税を計算します。各事業年度の付加価値額は、各事業年度の収益配分額（給与や支払利子などの合計額）と単年度損益との合算により算定されます。資本金等の金額は、各事業年度終了の日における資本金の額と払い込まれた金銭のうち資本金に組み込まれなかった金額の合計額です。所得に税率を掛けたものを所得割、付加価値額に税率を掛けたものを付加価値割、そして資本金等の額に税率を掛けたものを資本割といいます。なお、付加価値割・資本割をあわせた部分のことを「外形標準課税」と呼ぶ場合もあります。

所得割に係る標準税率は、所得のうち400万円以下が0.4％、400万円超800万円以下が0.7％、800万円超が1.0％となっています。

この他に、基準法人所得割額に260％を掛けた特別法人事業税が課されます。

また、付加価値割に対する標準税率は1.2％、資本割に対する標準税率は0.5％が適用されます。

● 地方税の申告はどのようにする

東京都の場合、都民税および事業税の確定申告書（第6号様式）を都税事務所に提出することになります。これに対して、他の道府県では、道府県民税および事業税の確定申告書（第6号様式）を道府県税事務所に提出すると共に、市町村民税の確定申告書（第20号様式）を役所などに提出する必要があります。

道府県民税（都民税）および事業税の確定申告書、市町村民税の確定申告書については基本的に添付書類の提出が求められていませんが、自治体によっては貸借対照表および損益計算書の提出を求めているところもありますので確認が必要です。

また、地方税も電子申告を行うことができ、地方税専用のポータルシステム（eLTAX：エルタックス）を使用します。

書式15　事業税・都民税申告書

[Japanese tax return form - 第六号様式 事業税・都民税申告書 for 株式会社 山田印刷, filed 令和6年9月27日 to 東京都新宿都税事務所]

第5章
消費税のしくみ

消費税とはどのような税金なのか

消費者が広く公平に負担する間接税である

● 消費税とはどんな税金か

　消費税とは、「消費をする」という行為に税を負担する能力を認め、課される税金です。

　消費税を負担するのは法人・個人にかかわらず消費行為をした「消費者」です。消費税は、消費者から商品やサービスの代金といっしょに徴収されますが、実際には誰が納付するのでしょうか。

　消費税は、実は税金を徴収した店や会社が納付することになっています。このように税の負担者が直接納付せず、負担者以外の者が納付するしくみの税金を間接税といいます。

　店や会社などが、消費者に対して予め表示された価格に関して消費税を徴収する場合、その表示方法は「税込」価格として本体価格と消費税を総額で表示することが原則となっています。令和元年10月１日より、消費税の税率が８％から10％に引き上げられ、それと同時に消費税の軽減税率制度が開始され、また令和５年10月１日からは適格請求書等保存方式（インボイス）が導入されました。

● 具体例で見る流通の流れと消費税の申告・納付

　消費税は、店や会社などの事業者が消費者の代わりに徴収して納めるしくみです。買い物をしたときに店から受け取るレシートを見ると、「本体○○円、消費税××円」というように、内訳に消費税額が記載されています。しかし、この金額は、そっくりそのまま税務署へ納められるわけではありません。

　消費税を納めるべき事業者は、商品やサービスを消費者へ供給する

立場ですが、一方で商品を仕入れたり備品などを購入するため、消費者の立場でもあります。つまり、事業者は物品の購入等と共に税を負担し、消費者からは、売上と共に税を徴収しているということになります。

　もし、徴収した税額のみを納めた場合、自身が負担した消費税はコストの一部となり、販売金額に上乗せされてしまいます。そうなると、税額が流通ルートに乗って、雪だるま式にふくれあがってしまうわけです。消費税の計算は、このような「税の累積」を排除するため、徴収した税額から負担した税額を控除して納めるしくみになっています。

　なお、消費税は間接税という性質上、たとえ事業が赤字であったとしても納税義務が生じる場合があります。詳しくは後述しますが、消費税は消費行為を行った時点で発生するため、代金が回収できていなくても納税義務が生じる場合もあります。

■ **消費税のしくみ**

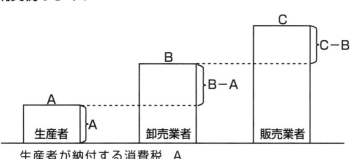

課税取引・非課税取引・不課税取引について知っておこう

課税の対象となるための要件をおさえる

● 消費税が課される取引と課されない取引がある

　消費税法では、消費行為を国内取引と輸入取引とに分けて考えます。まず国内取引から見ていきます。消費税の課税対象となる消費行為とは、①「国内において」、②「事業者が事業として」、③「対価を得て（代金を受け取ること）行う」、④「資産の譲渡等」、または「特定課税仕入」と定められています。

　逆に、上記①～④のうちいずれか1つでもあてはまらないような取引、または特定課税仕入に該当しない取引は、消費税が課されない「不課税取引」となります。また、これらに該当する取引の中でも、後述するように特別に課税されない「非課税取引」というものもあります。

　次に輸入取引ですが、税関から国内に持ち込まれる外国貨物については、消費税が課されるというしくみです。反対に国外へ輸出する貨物等については、消費税が免除されます。これは、日本国内で消費されたものにのみ課税し、国際間の二重課税を防ぐためのものです。

　以下は国内取引に関する内容です。課税取引とはどのようなものをいうのか、もう少し詳しく見ていきましょう。

● 課税取引とは

　課税取引とは、上記①～④に定められる取引または特定課税仕入であり、さらに掘り下げると次のとおりになります。
① 「国内において」とは
　資産の譲渡または貸付を行う場合には、その資産の所在場所が国内であるかどうかによって国内取引を判定します。

役務の提供を行う場合には、その提供の場所が国内であるかどうかによって国内取引を判定します。
② 「事業者が事業として」とは
　事業者とは、事業を行う法人や個人のことです。個人の場合、店舗や事務所を経営する人の他、医師や弁護士、税理士なども事業者に該当します。法人は株式会社などのことです。国や都道府県、市町村、宗教法人や医療法人、代表者の定めのある人格のない社団等も法人に該当します。「事業」とは、対価を得て行われる取引を自ら繰り返し行うことです。法人が行う取引はすべて「事業として」行ったものとなります。
　一方、個人事業者の場合は、仕事以外の普段の生活における消費行為については、「事業として」行ったものではないため、除いて考える必要があります。
③ 「対価を得て行う」とは
　資産の譲渡、貸付、役務の提供を行った見返りとして代金を受け取ることをいいます。
　対価を得ず、無償で資産を譲渡した場合も、その譲渡した相手と利害関係があれば、対価を得ているとみなされる場合があります。たとえば法人がその役員に自社製品を贈与した場合、実際は対価を得ていなくても、対価を得て製品を販売したことになり、課税取引として申告しなければなりません。これをみなし譲渡といいます。また、定価よりも著しく低い値段で譲渡した場合、相手が法人の役員や個人事業主であれば、実際の低い値段ではなく、定価で販売したものとして申告しなければなりません。このような取引を低額譲渡といいます。
④ 「資産の譲渡等」とは
　資産の譲渡等とは、資産の譲渡、貸付、役務の提供をいいます。つまり、物品や不動産などを渡す行為、貸し付ける行為、サービスを提供する行為です。

また、特定課税仕入とは、事業者向け電気通信利用役務の提供、及び特定役務の提供のことです。これらは、国外でサービスの提供が行われたとしても消費税が課されます。

・**事業者向け電気通信利用役務の提供**
インターネットなどを介する電子書籍・音楽・広告の配信等のサービスの提供のことです。

・**特定役務の提供**
国外事業者が行う演劇等の役務のことです。

なお、特定課税仕入の場合は、リバースチャージ方式といって、国外事業者に代わり役務の提供を受けた国内事業者（課税売上高が5億円超、または課税売上割合が95％未満で簡易課税制度を適用しない場合）に対して消費税の納税義務が課されます。

● 非課税取引とは

消費税の課税対象となる取引のうち、その性格上課税することが適当でない、もしくは医療や福祉、教育など社会政策的な観点から課税すべきではない、という大きく分けて2つの理由により、消費税が課されない取引があります。本来は課税取引に分類されるべきですが、特別に限定列挙して課税しないという取引です。これらの取引を非課税取引といいます。

● 不課税取引とは

消費税の課税対象は、①「国内において」、②「事業者が事業として」、③「対価を得て行う」、④「資産の譲渡等」、または「特定課税仕入」です。これらの要件に1つでもあてはまらない取引は、課税の対象から外れます。このような取引を不課税取引といいます。たとえば、国外で行った取引、賃金給与の支払い、試供品の配布、寄附などはこの不課税取引に該当します。

● 非課税取引と不課税取引の違い

　非課税取引も不課税取引も、対象とする取引に消費税がかからない点においては同じです。しかし、非課税取引は本来課税取引としての要件を満たしているにもかかわらず、政策的な配慮などの理由によりあえて非課税として扱うのに対して、不課税取引はそもそも課税取引の要件を満たしていません。したがって、両者はその性質が異なります。

　特に、消費税を考慮する上で両者が大きく異なってくるのは、課税売上割合（課税売上高／売上高）を計算する場合です。非課税売上の場合には分母の売上高に金額を含めますが、不課税売上の場合には含めません。課税売上割合は、仕入税額控除の計算（187ページ）などに影響します。

■ 非課税取引

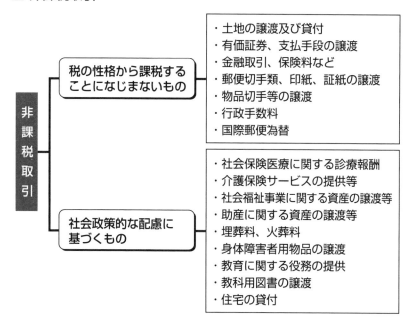

納税事業者や課税期間について知っておこう

まずは課税事業者か免税事業者かを判定するところからはじまる

● 納税義務者はどうなっているのか

　税金を納める義務のある者のことを「納税義務者」といいます。消費税の納税義務者は、「事業者」と「外国から貨物を輸入した者」です。「事業者」とは、個人で商売を営む経営者や会社など、事業を行う者のことです。

　ただし、すべての「事業者」が納税義務者になるわけではありません。小規模の会社や個人経営者にとっては、本業の経営を行う傍らで税金を計算するという作業は非常に負担がかかります。このような小規模事業者への配慮から、前々年度の課税売上が1,000万円以下であるなど一定要件を満たす事業者については、消費税を納付する義務がありません。

　なお、消費税を納める義務がある事業者のことを課税事業者、消費税を納める義務がない事業者のことを免税事業者といいます。

● 課税期間とは

　課税期間とは、消費税を申告するための計算単位となる期間のことをいいます。個人の場合は1月から12月までの暦年、法人の場合は年度の期首（決算期間の初日）から年度末（決算期間の最終日）までの一事業年度が課税期間です。「課税事業者」は、この課税期間中に行った取引について、納めるべき消費税を計算して納付します。

　また、一定の手続きを行うことにより、特例として課税期間を3か月間または1か月間ごとに短く区切ることができます。これを課税期間の短縮といいます。

● 納税義務が免除されるのはどんな場合か

　国内で事業を行う事業者の中にも、納税義務が免除される場合があります。納税義務が免除されるかどうかは、前々年度の課税売上で判定するということを前述しました。このように、判定の基準となる期間のことを基準期間といいます。

　個人事業者の場合、課税期間は1月から12月までの暦年で区切られます。したがって前々年がそのまま基準期間となります。たとえ基準期間の途中で開業した場合でも、法人のように換算計算などは行いません。

　一方、法人の基準期間は、1年決算法人の場合、その事業年度の前々事業年度です。前々事業年度が1年未満である場合は、その事業年度開始日の2年前から1年間に開始した各事業年度をあわせた期間が基準期間となります。基準期間が1年でない法人の基準期間における課税売上高については、たとえば6か月法人であれば2倍、というように1年分に換算し直して計算します。

　基準期間は免税事業者の判定の他に、消費税額の計算方法のひとつである簡易課税制度適用の可否を判定する場合にも利用します。

　納税義務の免除に関する説明に戻ります。免税事業者になる場合とは、基準期間中の課税売上高が1,000万円以下である場合です。課税

■ 納税事業者と課税期間

（輸入取引）外国から貨物を輸入した者 ➡ 納税義務者
（国内取引）事業を行う法人・個人

事業年度が
4/1〜3/31の法人の場合

課税期間を
3か月に短縮する届出を行った場合

4/1 〜 3/31	4/1〜6/30	7/1〜9/30	10/1〜12/31	1/1〜3/31
課税期間	課税期間	課税期間	課税期間	課税期間

売上高とは、消費税の対象となる収入の合計金額です。なお、基準期間が前々事業年度であるということは、設立したばかりの法人については、基準期間がないということになります。そこで、設立1年目または2年目で基準期間がない法人は、基準期間における課税売上高もないため、免税事業者となります。ただし、例外として課税事業者に該当する場合もありますので、注意が必要です。

免税事業者となった課税期間において、多額の設備投資を行うなど消費税の還付を受ける場合は、届出を提出することにより課税事業者の選択をすることができます。ただし、いったん課税事業者の選択を行うと、2年間は継続して適用されます。課税事業者の選択をする場合には、翌課税期間以降のことも考慮して、慎重に検討する必要があります。

● 特定期間の課税売上高によって課税事業者となるケース

基準期間の課税売上高が1,000万円以下でも、前事業年度開始の日から6か月間の課税売上高が1,000万円を超える場合には納税義務は免除されず、課税事業者として取り扱われます。

前事業年度開始の日以後6か月間の期間のことを特定期間といいます。前事業年度が7か月以下である場合は、前々事業年度開始の日以後6か月間が適用されます。

なお、判定の基準については、課税売上高に代えて、支払った給与等の金額の合計額で判定することもできますので、いずれか有利な方法を選択します。

● 資本金1,000万円以上の新設法人は課税事業者となる

資本金が1,000万円以上ある新設法人の場合は、納税義務が生じます。新設法人は基準期間がないので、通常であれば免税事業者です。しかし、ある程度の規模の法人については、納税する資金力があるも

のとみなされ、特別に課税事業者にされてしまうというわけです。判定のタイミングは、「事業年度開始の日」の状態です。

たとえば法人設立時の資本金は1,000万円であったが、期中に減資を行い、2年目の期首には資本金が900万円になっていたとします。この場合、1年目は課税事業者ですが、2年目は免税事業者という取扱いになります。

なお、資本金1,000万円未満であっても課税事業者となってしまうケースもあります。

● 資本金1,000万円未満の法人が課税事業者になるケース

資本金が1,000万円未満であっても、特定新規設立法人（売上5億円超の法人から50％超などの出資を受けている一定の法人）に該当する場合には課税事業者になりますので、注意が必要です。

■ 免税事業者となる場合

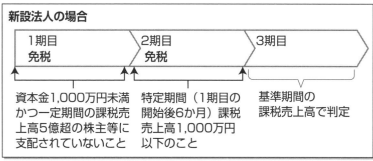

第5章 消費税のしくみ

原則課税方式による消費税額の算定方法

預かった消費税から支払った消費税を控除するのが原則

● 原則課税方式とはどのような計算方法か

　事業者が納付する消費税額は、課税期間中に消費者から徴収した消費税から、事業者自身が負担した消費税額を差し引いて計算します。このような消費税の計算方法を原則課税方式といいます。一方、負担した消費税額を計算するためには、課税仕入に含まれる消費税額を計算し、この消費税額が課税仕入等（特定課税仕入も含む）に対する消費税額となります。

　消費税額は、課税標準額に税率を掛けたものから、課税仕入等に対する消費税額を控除して計算します。

　ここからは、原則課税方式について見ていきましょう。

① **課税標準額を求める**

　課税標準額は、令和5年10月1日以降のインボイス制度（191ページ）導入後では、原則として税率ごと（標税税率10％及び軽減税率8％）に区分した課税資産の譲渡等の税込価額の合計額に、110分の100（軽減税率の場合は108分の100）を掛けた金額（割戻し計算）となります。

　課税標準額を計算するときに注意しなければならないのは、課税売上に該当するのかどうかの判定です。本業による売上以外（たとえば営業外収益や固定資産売却）にも課税収入があれば、課税標準に含めなければなりません。

　また、輸入取引の課税標準は、関税課税価格（通常は輸入港までの保険料や運賃料を加えたCIF価格）に、関税及び個別消費税額を合計した金額となります。

この場合の個別消費税には、その課税貨物の保税地域からの引取りに関する酒税、たばこ税、揮発油税、石油石炭税、石油ガス税等があります。

② **消費税額を求める**

上記の割り戻した課税標準額に、税率7.8％（軽減税率の場合6.24％）を掛けて、消費税額を算出します。ただし、消費税額を割戻し計算ではなく、買い手に交付した適格請求書（インボイス）に記載した消費税額の合計額に7.8％（軽減税率の場合は6.24％）を掛けた額を「課税標準額に対する消費税額」とする特例（積上げ計算）も認められます。

地方消費税は、課税標準額に対する消費税額に、後述する控除対象仕入税額等を控除した差引税額に地方消費税率の割合（地方消費税率／国税分の消費税率。標準税率の場合は2.2／7.8、軽減税率の場合は1.76／6.24）を掛けて算出します。

③ **控除対象仕入税額等を計算する**

課税期間中に行った課税仕入の合計金額を把握する必要があります。課税仕入には、仕入、経費以外に、営業外費用や固定資産の購入等を行った場合も含まれます。このような課税期間中のすべての支出に関

■ **消費税額の計算方法**

① 課税標準額の計算（対象となる課税売上の計算）
▶ ② 消費税額の計算（売上に対する消費税の計算）
▶ ③ 控除対象仕入税額の計算（仕入に対する消費税の計算）
▶ ④ 差引消費税額の計算（国税の計算）
▶ ⑤ 地方消費税の計算

する取引を、課税、非課税、消費税対象外のいずれかに分類します。仕入税額を計算する場合にも、割戻し計算と積上げ計算が認められています。

割戻し計算では、課税仕入の税込合計金額に110分の7.8（軽減税率の場合は108分の6.24）を掛けた金額が「控除対象仕入税額」です。たとえば課税仕入の合計が1,100,000円であった場合、控除対象仕入税額は1,100,000×7.8／110＝78,000円となります。これは最も基本的な控除対象仕入税額の計算方法です。実際はこれに様々な調整計算が加わります。

積上げ計算の場合は、インボイスに記載された消費税額の合計額に7.8％（軽減税率の場合は6.24％）を掛けた額が控除対象仕入税額となります。

なお、課税売上で積上げ計算をした場合には、課税仕入も積上げ計算をしなければならないことに留意が必要です。

● 非課税売上のために行った仕入で負担した消費税

非課税売上の場合、最終消費者は消費税を負担しません。したがって仕入により事業者が負担した消費税については、最終消費者へ税の「転嫁」はされません。そのため、非課税売上のための仕入に対する消費税額については、仕入を行った事業者が負担することになります。

では、課税売上及び非課税売上共通の取引（たとえば、建物と土地の販売）のために行った課税仕入が発生した場合に、その非課税売上部分に対応する消費税を除外する金額はどのようにして計算するのでしょうか。まずは、「課税売上割合」を計算するところからはじまります。

課税売上・免税売上・非課税売上の合計金額のうち課税売上・免税売上の占める割合を、課税売上割合といいます。そして、非課税売上のための課税仕入だけを抽出することは困難であるため、便宜上消費税額から「消費税額×課税売上割合」を控除して計算するというわけです。

なお、仕入税額控除に関して、課税売上割合が95％以上である場合、非課税売上はないものとみなされ、課税仕入に対する消費税額は全額控除することができます。ただし、課税売上高5億円超の大規模事業者は、課税売上割合が95％以上の場合でも、課税仕入に対する消費税額は全額控除できません。

■ 個別対応方式と一括比例配分方式

◆個別対応方式

課税期間中の課税仕入に対する消費税額のすべてを次のように区分する

課税仕入に対する消費税額	イ 課税売上にのみ対応するもの	控除対象仕入税額（控除する消費税額）
	ハ イとロの両方に共通するもの（課税売上割合で按分）	
	ロ 非課税売上にのみ対応するもの	控除できない消費税額

次の算式により計算した控除対象仕入税額を、課税期間中の課税売上に対する消費税額から控除する

控除対象仕入税額 ＝ イの消費税額 ＋ （ハの消費税額×課税売上割合）

◆一括比例配分方式

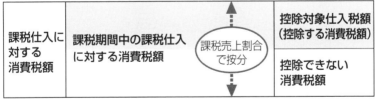

次の算式により計算した控除対象仕入税額を、課税期間中の課税売上に対する消費税額から控除する

控除対象仕入税額 ＝ 課税仕入に対する消費税額 × 課税売上割合

● 課税売上割合が95%未満の課税事業者、及び課税売上高5億超かつ課税売上割合95%以上の課税事業者について

　非課税売上のための課税仕入にかかった税額は、控除対象仕入税額から除外します。その計算方法は、①個別対応方式、②一括比例配分方式の２つがあります。

① 個別対応方式

　課税仕入を㋑課税売上に対応する課税仕入、㋺非課税売上に対応する課税仕入、㋩課税売上・非課税売上共通の課税仕入、の３つに分類します。分類できる課税仕入は極力分類して計算するということです。

　なお、不課税売上に対応する課税仕入は㋩に含めるため、実務上はまず課税売上のみに対応するものを㋑、非課税売上のみに対応するものを㋺に集計し、㋑にも㋺にも属さないものを㋩として集計することになります。㋑に含まれる消費税額は全額が控除対象仕入税額となります。㋺に含まれる消費税額については控除対象仕入税額の対象外となります。㋩に含まれる消費税額は、課税売上割合に応じた金額が控除対象仕入税額となります。つまり、控除対象仕入税額の計算は以下のようになります。

> 控除対象仕入税額＝
> 　㋑×7.8／110＋㋩×7.8／110×「課税売上割合」

② 一括比例配分方式

　課税仕入に対する消費税額全額に、課税売上割合を掛けて控除対象仕入税額を計算する方法です。控除対象仕入税額の計算は以下のようになります。

> 控除対象仕入税額＝
> 　課税仕入に対する消費税額×7.8／110×「課税売上割合」

課税仕入を分類する必要がないため、①より簡便な方法だといえます。ただし、一度選択すると２年間継続して適用しなければなりません。

● 調整対象固定資産の調整計算について

税抜100万円以上の一定の固定資産（調整対象固定資産）を購入した場合には、以下のような特例があります。

・課税売上割合が著しく増減する場合の仕入税額控除の調整

課税売上割合の変動が激しい時期に、高額の固定資産を購入した場合、仕入税額控除にも大きく影響します。割合が通常よりも高ければ得するものの、低ければ損をするというわけです。

この課税の不公平感を解消するため、調整対象固定資産を購入し、その購入年度を含んだ向こう３期分の通算課税売上割合が、購入年度の課税売上割合と比較して著しく増加または減少したときは、その３期目の課税期間で、調整対象固定資産の消費税額に課税売上割合の増減差を掛けた額について仕入税額控除の調整をします。

この仕入税額控除を調整できる場合は、原則課税方式を選択しており、一括比例配分方式で消費税を計算している場合、または仕入に対する消費税が全額控除できる場合に適用できます。

・調整対象固定資産の転用による仕入税額控除の調整

調整対象固定資産の購入日から３年以内に、課税業務用から非課税業務用にあるいは非課税業務用から課税業務用に転用したときは、転用した日の属する課税期間の仕入に対する消費税額から、その転用した日までの期間に応じた一定の消費税額を増減させる方法により調整します。

● 返品や値引き、貸倒れの取扱いについて

売上の返品や値引きを行った場合、課税売上であれば消費者への代金の返還も消費税込で行います。この返還した部分の消費税は、控除

対象仕入税額と同様、事業者が納付すべき消費税から控除することができます。値引き、返品のことを消費税法上売上対価の返還等といいます。得意先の倒産等の理由で、売掛金等が回収できなくなることを貸倒れといいます。貸倒れ部分に含まれる消費税分も、売上対価の返還等と同様に控除することができます。

● 消費税額の調整や端数処理について

　消費税の計算を行う場合、課税標準額、課税仕入に対する消費税額、差引税額の各段階で端数処理を行います。この端数計算の方法について見ていきましょう。課税標準額は、課税売上高の税抜価格を求めた後に千円未満の端数を切り捨てて計算します。課税仕入に対する消費税額、売上対価の返還等に対する消費税額、貸倒れに対する消費税額の計算を行う場合、それぞれで発生した1円未満の端数については、切り捨てて計算します。

　差引税額の計算を行う場合、課税標準額に対する消費税額から課税仕入等に対する消費税額を控除した後、その残額に100円未満の端数があるときは、端数を切り捨てて計算します。中間納付税額も100円未満の端数を切り捨てて計算します。

● 帳簿及びインボイス等を保存する

　事業者は、課税仕入等に対する消費税額の控除を受けるためには、原則として帳簿及び事実を証明するインボイス等の両方を保存しなければなりません。これらの帳簿及びインボイス等は、7年間保存することになっています。

5 インボイス制度について知っておこう

適格請求書発行事業者でないとインボイスが発行できない

● インボイスとは？

　インボイス（Invoice）は、一般的には請求書と訳されますが、令和5年10月1日からスタートした「インボイス」と、これまで使用されてきた従来の「請求書」とはその位置付けが大きく異なります。従来の請求書は、商品代金を請求する売り手の誰もが発行できて、また法人や個人事業者などの買い手は、その入手した請求書に記載された消費税を、売上に対して預かった消費税から控除（仕入税額控除）して、消費税の申告・納付をすることができました。

　しかし、令和5年10月1日以降では所定の記載がされた「インボイス」を入手しないと原則として仕入税額控除ができません。また、この「インボイス」は課税事業者でありかつ「適格請求書発行事業者」にならないと発行することができません。つまり、消費税の申告・納税を行っている法人や個人事業者は、適格請求書発行事業者からインボイスを受け取らないと、状況によっては消費税の納税負担が大きくなる可能性が出てくることになります。

● インボイス（適格請求書等）の記載事項

　インボイス制度では、売り手（課税事業者でかつ適格請求書発行事業者）は買い手からの求めに応じて次のような記載事項を完備した適格請求書等を買い手に交付し、また交付した適格請求書の写しを保存する義務が課されます。
① 売り手の氏名または名称及び登録番号（Tから始まる13桁）
② 取引年月日

第5章　消費税のしくみ　191

③　取引内容（軽減税率の対象品目である場合はその旨）
④　税率ごとに合計した対価の額（税抜または税込）及び適用税率
⑤　税率ごとに区分して合計した消費税額等
⑥　書類の交付を受ける事業者（買い手）の氏名または名称

　不特定多数の者に対して販売等を行う小売業等については、買い手の氏名等の記載を省略できます。

　また、会計帳簿には「仕入先の氏名または名称」「取引年月日」「取引の内容」「取引金額」の他に、その商品が軽減税率8％の対象であれば取引の内容に「軽減税率の対象品目である旨」を明記し、軽減税率の対象であるのかどうかを帳簿上区分しておく必要があるということです。そして、消費税の仕入税額控除を受けるには、このインボイスを入手・保存しておく必要があります。

●「軽減対象資産の譲渡等である旨」の記載の仕方

　軽減税率の対象となる商品がある場合には、軽減対象資産の譲渡等であることが客観的に明らかだといえる程度の表示が必要であり、たとえばインボイスに次のいずれかのように記載します。
・個々の取引ごとに8％や10％の税率を記載する
・8％の商品に「※」や「☆」といった記号や番号等を表示し、かつ、「※（☆）は軽減対象」などと表示することで、軽減対象資産の譲渡等である旨」を明らかにする
・8％の商品と10％の商品とを区別し、8％として区別されたものについて、その全体が軽減税率の対象であることを記載する
・8％の商品と10％の商品で請求書を分けて作成し、8％の請求書には軽減税率の対象であることを記載する

● 免税事業者からの課税仕入の取扱い

　適格請求書等を発行するには、事前に税務署へ一定の申請を行って

適格請求書発行事業者として登録を受けておく必要があります。この登録は課税事業者でないと行えないルールとなっていますので、免税事業者は原則として課税事業者に変更しない限り適格請求書等の発行ができません。

また、課税仕入に対する仕入税額控除の適用を受けるには、適格請求書発行事業者が発行する適格請求書等を受領する必要があるため、免税事業者が発行する請求書等では、令和5年10月1日以降は原則として仕入税額控除を受けることができません。ただし、令和5年10月1日から令和11年9月30日までに行われた取引においては、所定の事項が記載された請求書等を保存し、帳簿に次のような50％または80％に関する経過措置の規定の適用を受ける旨が記載されている場合には、仕入税額相当額の50％または80％を仕入税額として控除できる経過措置が設けられています。

・令和5年10月1日から令和8年9月30日までの期間は仕入税額相当額の80％
・令和8年10月1日から令和11年9月30日までの期間は仕入税額相当額の50％
　インボイス制度で認められる請求書等には次のものがあります。
・適格請求書または適格簡易請求書
・仕入明細書等（適格請求書の記載事項が記載されており、相手方の確認を受けたもの）

■ 会計帳簿の記載例

総勘定元帳（仕入）			
月 日	相手科目	摘　　要	借　方
6/30	現金	○○食品㈱　※米・牛肉　6月分	19,440
6/30	現金	○○食品㈱　　　ビール　6月分	6,600
			※軽減税率対象

・卸売市場において委託を受けて卸売の業務として行われる生鮮食品等の譲渡及び農業協同組合等が委託を受けて行う農林水産物の譲渡について、委託者から交付を受ける一定の書類
・上記の書類に関する電磁的記録（電子ファイル等）

● 適格簡易請求書とは

不特定多数の者に対して販売等を行う小売業、飲食店業、タクシー業等については、通常の適格請求書等とは異なり次のとおり記載事項を一部簡略化した「適格簡易請求書」を交付することができます。

① 適格請求書発行事業者（売り手）の氏名または名称及び登録番号
② 取引年月日
③ 取引内容（軽減税率の対象品目である場合はその旨）
④ 税率ごとに合計した対価の額（税抜または税込）
⑤ 税率ごとに区分して合計した消費税額等または適用税率

適格請求書との違いは、買い手の氏名（名称）の記載が不要であること、また消費税額等または適用税率のいずれかを記載（適格請求書は両方とも記載）すればよいことになっています。

● 適格請求書の交付義務が免除される場合

不特定多数の者などに対してその都度適格請求書を交付するのも実務上困難が生じる場合があり、以下の取引は適格請求書の交付義務が免除されます。

① 公共交通機関による旅客の運送（3万円未満のもの）
② 出荷者等が卸売市場において行う生鮮食料品等の譲渡（出荷者から委託を受けた受託者が卸売の業務として行うもの）
③ 生産者が行う農業協同組合、漁業協同組合または森林組合等に委託して行う農林水産物の販売（無条件委託方式かつ共同計算方式により生産者を特定せずに行うもの）

④ 自動販売機及び自動サービス機により行われる課税資産の譲渡等（3万円未満のもの）
⑤ 郵便切手類を対価とする郵便・貨物サービス（郵便ポストに差し出されたもの）

● インボイス（適格請求書等）を発行するための手続き

適格請求書等を発行できるようにするためには、「適格請求書発行事業者の登録申請書」を納税地を所轄する税務署長（郵送により登録申請書を提出する場合の送付先は、各国税局のインボイス登録センター）に提出し、適格請求書発行事業者となる必要があります。つまり、消費税の課税事業者であることのみをもって適格請求書等が発行できるのではなく、この登録申請書を提出し登録番号の提供を受けることで初めて発行ができます。

適格請求書発行事業者の情報は、「国税庁適格請求書発行事業者公

■ 適格請求書の記載例

```
株式会社○○御中
                    請求書
                         東京都XX区XX1-23-4
                              ○○株式会社
                    （登録番号 TXXXXXXXXXXXXX）
              令和6年6月分
```

月日	品名	金額
6／1	米　　※	10,800円
6／8	牛肉　※	8,640円
6／20	ビール	6,600円
合計		26,040円

（ 8%対象　18,000円　消費税 1,440円）
（10%対象　 6,000円　消費税　 600円）
※軽減税率対象

表サイト」において、適格請求書発行事業者の氏名または名称、本店または主たる事務所の所在地（法人の場合）、登録番号、登録年月日、登録取消年月日・登録失効年月日が公表されます。個人事業者も任意で主たる屋号や主たる事務所の所在地等の公表が可能です。

なお、免税事業者が登録を受けるためには、原則として、「消費税課税事業者選択届出書」を提出し、課税事業者となる必要がありますが、登録日が令和5年10月1日から令和11年9月30日までの日の属する課税期間中である場合は、消費税課税事業者選択届出書を提出しなくても、適格請求書発行事業者の登録申請書のみを提出することで登録を受けることができます。

● 消費税負担・事務負担の軽減に関する経過措置

令和5年度税制改正により、一定の事業者に対して次のような消費税負担・事務負担の軽減措置が適用されています。

・小規模事業者に対する税額控除の経過措置（2割特例）

免税事業者が適格請求書発行事業者に変更した場合には、消費税の納税額について、一定期間、売上に対して預かった消費税額の2割にすることができます。たとえば、免税事業者である3月決算会社の法人が令和5年10月1日からインボイスの登録を受けた場合は、令和6年3月期分（令和5年10月から令和6年3月分のみ）、令和7年3月期分、令和8年3月期分及び令和9年3月期分の消費税申告までは、売上に対する消費税の2割のみを納税額とすることができます。

・一定規模以下の事業者に対する事務負担の軽減措置（少額特例）

基準期間（前々年度）の課税売上高が1億円以下、または特定期間（前年度開始の日以後6か月間）の課税売上高が5,000万円以下の事業者が、令和5年10月1日から令和11年9月30日までに行われる税込1万円未満の課税仕入については、適格請求書等の入手・保存がなくても帳簿記帳のみで仕入税額控除を行うことができます。

書式 適格請求書発行事業者の登録申請書（国内事業者用）

第1-(3)号様式

国内事業者用

適格請求書発行事業者の登録申請書

【1／2】

収受印

令和 6 年 6 月 10 日

申請者	（フリガナ） （個人事業者の場合） 住所又は居所 （法人の場合） 本店又は主たる 事務所の所在地	トウキョウトオオタク○○ （〒 144 - ××××） （法人の場合のみ公表されます） 東京都大田区××××○-○-○ （電話番号 03 - ×××× - ×××× ）
	（フリガナ） 納 税 地 注：税務署所在地ではありません	（〒 － ） 同上 （電話番号 － － ）
	（フリガナ） （個人事業者の場合） 氏 名 （法人の場合） 名 称	カブシキガイシャ ニシホーム 注：屋号ではありません 株式会社 西ホーム
	（フリガナ） （法人の場合） 代表者氏名	ニシグチ ユキオ 西口 幸雄

大田 税務署長殿

法 人 番 号 ○○○○○○○○○○○○○

この申請書に記載した次の事項（ ● 印欄）は、適格請求書発行事業者登録簿に登載されるとともに、国税庁ホームページで公表されます。
（個人事業者の場合）氏名
（法人の場合）名称、本店又は主たる事務所の所在地（人格のない社団等は名称のみ）
なお、上記事項のほか、登録番号及び登録年月日が公表されます。
また、常用漢字等を使用して公表しますので、申請書に記載した文字と公表される文字が異なる場合があります。

下記のとおり、適格請求書発行事業者としての登録を受けたいので、消費税法第57条の2第2項の規定により申請します。

※ 当該申請書を提出する時点において、該当する事業者の区分に応じ、□にレ印を付してください。

今年(期)新規開業等しましたか

いいえ

☐ 課税事業者 ➡ 次葉のBへ

☐ 免税事業者 ➡ 次葉のAへ

はい

事業者区分

✓ 新規開業等した事業者

2年前又は2事業年度前の課税売上高が、
・1千万円超：課税事業者
・1千万円以下：免税事業者
新規開業等した事業者は、資本金が1千万円以上の法人や消費税課税事業者選択届出書を提出している事業者を除き、免税事業者に該当します。

✓ 事業を開始した課税期間の**初日から登録を受けようとする事業者** ➡ 右の□枠内を記載し次葉のBへ

※ 課税期間の初日が令和5年9月30日以前の場合の登録年月日は、同令和5年10月1日となります。

課税期間の初日 （個人事業者は本年1月1日、法人は設立日）
令和 6 年 5 月 8 日

☐ 事業を開始した課税期間の**初日から登録を受けない課税事業者** ➡ 次葉のBへ

☐ 事業を開始した課税期間の**初日から登録を受けない免税事業者** ➡ 次葉のAへ

この申請書は、令和五年十月一日から令和十二年九月二十九日までの間に提出する場合に使用します。

税理士署名 （電話番号 － － ）

※税務署処理欄	整理番号		部門番号		申請年月日	年 月 日	通信日付 年 月 日	確認
	入力処理	年 月 日		番号確認		身元確認 ☐済 ☐未済	確認書類 個人番号カード／通知カード・運転免許証 その他（ ）	
	登録番号 T							

注意 1 記載要領等に留意の上、記載してください。
2 税務署処理欄は、記載しないでください。
3 この申請書を提出するときは、「適格請求書発行事業者の登録申請書（次葉）」を併せて提出してください。

第5章 消費税のしくみ 197

第1-(3)号様式次葉

適格請求書発行事業者の登録申請書（次葉）

【国内事業者用】
【2/2】

記載の ○免税事業者：A欄→B欄→C欄の順に記載
順序　○課税事業者：B欄・C欄のみ記載（A欄は記載不要）

氏名又は名称　**株式会社 西ホーム**

該当する事業者の区分に応じ、□にレ印を付し記載してください。

A 免税事業者の確認

a 次のb・c以外で例えば**免税事業者である課税期間中の最短日での登録を希望する**など**免税事業者である課税期間中に登録を受けようとする事業者**（登録開始日から納税義務の免除の規定の適用を受けないこととなります。）
※ 以下の□枠内を記載し（登録希望日欄の記載をお忘れなく）、次はB欄①の質問へ

個人番号			
事業内容等	（個人事業者の場合）生年月日 （法人の場合）設立年月日	1明治・2大正・3昭和・4平成・5令和　年　月　日	法人のみ記載	事業年度	自　月　日 至　月　日
				資本金	円
	事業内容			登録希望日	令和　年　月　日

b 翌課税期間が課税事業者で、その**翌課税期間の初日から登録を受けようとする事業者**（**申請日が翌課税期間の初日から起算して15日前の日までの場合**）
※ 次はB欄①の質問へ

翌課税期間の初日　令和　年　月　日

c 翌課税期間が課税事業者で、**申請日が翌課税期間の初日から起算して15日前の日を過ぎている事業者**
（この場合、翌課税期間の途中から登録を受けることとなります。）　※ 次はB欄①の質問へ

この申請書は、令和五年十月一日から令和十二年九月二十九日までの間に提出する場合に使用します。

○免税事業者の方が免税事業者である課税期間中に登録を受けようとする課税期間中の最短日（申請書の提出日から15日後）での登録を希望する場合は、登録希望日欄の記載は不要です（この場合、登録希望日欄への改めての記載は不要です）。

○最短日での登録を希望する場合は以下欄に☑を付してください。

B 登録要件の確認

① **課税事業者です**（登録を受けると、消費税の申告が必要になります。）
※ この申請書を提出する時点において、免税事業者であっても、登録を受けると課税事業者となるため、「はい」を選択してください。

☑ はい　□ いいえ　→ ②の質問へ

② **納税管理人を定める必要のない事業者です**（国内に住所や本店等を有し、今後も有する事業者は「はい」にレ印を付して、次の質問③へ。
「いいえ」の場合は、次の質問②' にも答えてください。）

☑ はい　□ いいえ　→ ③の質問へ

納税管理人を定めなければならない場合（国税通則法第117条第1項）
【個人事業者】 国内に住所及び居所（事務所及び事業所を除く。）を有せず、又は有しないこととなる場合
【法人】 国内に本店又は主たる事務所を有しない法人で、国内にその事務所及び事業所を有せず、又は有しないこととなる場合

②' **納税管理人の届出をしています。**

□ はい　□ いいえ

③ **消費税法に違反して罰金以上の刑に処せられたことはありません。**
（加算税や延滞税は「罰金」ではありません。「いいえ」の場合は、次の質問にも答えてください。）

☑ はい　□ いいえ　→ C欄の質問へ

③' **その執行を終わり、又は執行を受けることがなくなった日から2年を経過しています。**

□ はい　□ いいえ

C 相続による事業承継の確認

相続により適格請求書発行事業者の事業を承継しました。
（「はい」の場合は、以下の事項を記載してください。）

□ はい　☑ いいえ　質問はこれで終わり

被相続人	適格請求書発行事業者の死亡届出書の提出先税務署		税務署
	死亡年月日	令和　年　月　日	
	（フリガナ）		
	納税地	（〒　　-　　）	
	（フリガナ）		
	氏名		
	登録番号 T		

参考事項

簡易課税制度はどんなしくみになっているのか

みなし仕入率を利用した簡便な計算方法である

● 簡易課税制度とは

　簡易課税制度とは、消費税の計算をより簡便な方法で行うことのできる制度です。課税売上に対する消費税額から、控除対象とすることができる課税仕入に対する消費税額を、「みなし仕入率」を利用して売上から概算で計算するというのが、原則課税方式と異なる点です。簡易課税制度を採用した場合、課税仕入、非課税仕入の分類、課税売上割合の計算、課税仕入の売上と対応させた分類をする必要がありません。

　この制度は、「基準期間における課税売上高」が5,000万円以下である事業者にのみ適用されます。ただし、事業者の届出による選択適用であるため、「簡易課税制度選択届出書」を税務署へ提出しておく必要があります。届出を提出すると、翌事業年度から簡易課税制度が適用されます。簡易課税制度選択届出書は、不適用届出書を提出しない限り、その効力は失われないため、適用の途中で基準期間における課税売上高が5,000万円を超えたり、免税事業者になっても、その後の基準期間において課税売上高が5,000万円以下の課税事業者になれば、簡易課税制度の適用を受けることになります。

　簡易課税制度は、一度選択すると2年間継続適用されるので、翌期の納付税額のシミュレーションなどを行い、原則課税方式と比較検討する必要があります。

● 簡易課税制度ではどのように消費税を計算するのか

　簡易課税制度では、売上に対する消費税のうち何割かは控除対象仕入税額として控除すべき金額が占めているという考え方をします。控

第5章　消費税のしくみ　199

除対象仕入税額が占めている割合は、売上のうちに仕入が占める割合と一致しているとみなして、業種ごとにみなし仕入率が定められています。この「みなし仕入率」を課税標準額に対する消費税額に掛けることにより控除対象仕入税額を算出するという方法です。具体例を挙げて見てみましょう。

　たとえば卸売業を営む場合、みなし仕入率は90％です。業種ごとのみなし仕入率については次ページ図を参考にしてください。課税売上高が税抜2,000万円の場合、納付税額はどうなるのでしょうか。税率が10％であるとすると、課税売上に対する消費税額（便宜的に地方消費税も含む）は、2,000万円×10％＝200万円です。次に、控除対象仕入税額（便宜的に、課税売上の場合と同様に地方消費税も含む）ですが、これを課税売上の90％とみなして計算することができるわけです。控除仕入税額は、2,000万円×10％×90％＝180万円となります。したがって、差引納付税額は、200万円－180万円＝20万円となります。

● 簡易課税制度はどんな取引に適用されるのか

　仕入税額控除が多くなると、当然納める税額が少なくなります。つまり納税者に有利な結果ということです。簡易課税制度を選択した方が有利になる場合とは、実際の仕入率よりみなし仕入率の方が大きい場合です。

● 複数事業の場合のみなし仕入率の計算方法

　簡易課税制度を選択した事業者が複数の事業を営んでいる場合には、課税売上に対する消費税額を業種ごとに分類し、みなし仕入率を以下のように計算するのが原則的な方法です。

（第1種事業に対する消費税額×90％＋第2種事業に対する消費税額×80％＋第3種事業に対する消費税額×70％＋第4種事業に対す

る消費税額×60％＋第５種事業に対する消費税額×50％＋第６種事業に対する消費税額×40％）／全売上に対する消費税額の合計

ただし、１種類または２種類の業種で課税売上高の75％以上を占めるような場合は、例外として、以下の簡便法によりみなし仕入率を計算することもできます。

１種類の事業で課税売上高の75％以上を占めている事業者は、その業種のみなし仕入率を全体に適用できます。

３種類以上の事業を営む事業者で、そのうち２種類の事業で課税売上高の75％以上を占めている場合は、その２事業のうちみなし仕入率の高い方の事業の課税売上高については、その高いみなし仕入率を適用し、それ以外の課税売上高については、その２事業のうち低い方のみなし仕入率をその事業以外の課税売上に対して適用できます。複数の事業を営む事業者が、事業ごとの課税売上高を区分していない場合は、最も低いみなし仕入率を全体に適用して計算します。

■ 業種ごとのみなし仕入れ率

第１種事業	卸売業（みなし仕入率90％）
第２種事業	小売業（みなし仕入率80％）
第３種事業	農業・林業・漁業・鉱業・建設業・製造業・電気業・ガス業・熱供給業・水道業（みなし仕入率70％）（※）
第４種事業	第１種～第３種、第５種及び第６種事業以外の事業たとえば飲食店業等（みなし仕入率60％）
第５種事業	第１種～第３種以外の事業のうち、運輸通信業・金融業・保険業・サービス業（飲食店業に該当するものを除く）（みなし仕入率50％）
第６種事業	不動産業（みなし仕入率40％）

※食用の農林水産物を生産する事業は、消費税の軽減税率が適用される場合において、第２種事業としてみなし仕入率が80％となる。

税込経理方式と税抜経理方式の違いについて知っておこう

消費税額を売上額に含めるかどうかという違いがある

● 消費税の会計処理方式にはどんなものがあるのか

　消費税の会計処理方式には「税込経理方式」と「税抜経理方式」があります。税込経理方式とは、帳簿上本体価格と消費税額を含めた額で取引を表示する方法です。

　税抜経理方式とは、帳簿上本体価格と消費税額を「仮受消費税等」と「仮払消費税等」に都度分けて表示する方法です。消費税「等」には、地方消費税が含まれています。

　税込経理方式による会計処理は以下のとおりです。
（売掛金）　　　　220,000 ／（売上）　　　　220,000
（仕入）　　　　　110,000 ／（買掛金）　　　110,000
　税抜経理方式による会計処理は以下のとおりです。
（売掛金）　　　　220,000 ／（売上）　　　　200,000
　　　　　　　　　　　　　　（仮受消費税等）　20,000
（仕入）　　　　　100,000 ／（買掛金）　　　110,000
（仮払消費税等）　 10,000

　期末において、納付すべき消費税額を計算したときの会計処理は、それぞれ次のようになります。

　税込経理方式の場合は、納付すべき消費税額として計算された金額をそのまま「租税公課」として計上します。納付すべき消費税額が上記の消費税10,000（＝20,000－10,000）のみであった場合、課税期間の消費税として以下の仕訳を行います。

（租税公課）10,000 ／（未払消費税等）10,000

　税抜経理方式の場合、期末における「仮受消費税等」と「仮払消費

税等」については、反対仕訳を行い、差額を納付すべき消費税額として、「未払消費税等」に振り替えます。前ページと同様の消費税額とすると、以下の仕訳になります。

（仮受消費税等）20,000 ／（仮払消費税等）10,000
　　　　　　　　　　　　（未払消費税等）10,000

● 端数処理はどうするのか

　税抜経理方式を採用した場合、期中の取引における「仮受消費税等」「仮払消費税等」には通常は端数が出ます。一方、実際に納付すべき消費税は百円未満切捨であるため、「仮受消費税等」と「仮払消費税等」の差額とは合致しません。この差額は雑収入または雑損失（不課税取引）として精算してしまい、翌期首の「仮受消費税等」「仮払消費税等」の残額はゼロになるようにします。消費税額を計算したときの税抜経理方式による会計処理は以下のようになります。

　たとえば、消費税精算処理前の「仮受消費税等」残高612,345円、「仮払消費税等」残高312,000円、納付すべき消費税額が30万円であった場合、仕訳は以下のようになります。

（仮受消費税等）612,345 ／（仮払消費税等）312,000
　　　　　　　　　　　　（未払消費税等）300,000
　　　　　　　　　　　　（雑収入）　　　　　345

■ 税込経理方式と税抜経理方式

税込経理方式	→	消費税負担額を売上や仕入の中に含める
税抜経理方式	→	消費税負担額を売上や仕入の中に含めずに別に処理を行う

輸出や輸入取引の場合の取扱いについて知っておこう

国際取引の取扱いを理解する

● 輸出や輸入取引した場合にはどうなるのか

ここでは輸出や輸入取引をした場合の消費税の取扱いについて見ていきましょう。

① **輸出取引をした場合**

国内から物品を輸出したときのように、消費者が外国に存在する場合でも、「課税取引」としての要件を満たすのであれば、原則として「課税取引」です。しかし、消費税は日本国内における消費者が負担するものであって、外国の消費者には課すべきではありません。

そこで、外国の消費者への取引を課税対象から除外するため、「課税取引」のうち輸出取引等に該当するものについては、免税取引として消費税が課されないことになっています。これらの取引は一般的に「０％課税」といわれます。税率０％の消費税を課税する取引という意味です。

免税となる輸出取引等に該当するための要件は、以下の４つです。
ⓐ 国内からの輸出として行われるもの
ⓑ 国内と国外との間の通信や、郵便、信書便
ⓒ 非居住者に対する鉱業権、工業所有権（産業財産権）、著作権、営業権等の無形財産権の譲渡または貸付
ⓓ 非居住者に対する役務の提供で、国内で直接享受しないもの

非居住者とは、簡単にいうと外国人のことです。なお、消費税は直接輸出を行う段階で免除されるため、輸出物品の下請加工や、輸出業者に商品を国内で引き渡した場合などについては、免税の対象にはな

りません。つまり輸出業者の立場から見れば、輸出にかかった費用について消費税が課税されるということになります。この輸出業者が負担した消費税分については、申告により還付されることになります。

輸出取引の範囲について、もう少し詳しく取り上げてみると、以下のような取引となります。
ⓐ 日本からの輸出として行われる資産の譲渡または貸付
ⓑ 外国貨物の譲渡または貸付
ⓒ 国際旅客、国際運輸、国際通信、国際郵便及び国際間の信書
ⓓ 船舶運航事業者等に対して行われる外航船舶等の譲渡もしくは貸付等
ⓔ 専ら国際運輸に使用されるコンテナーの譲渡もしくは貸付等
ⓕ 外航船舶等の水先、誘導等の役務の提供
ⓖ 外国貨物の荷役、運送、保管等の役務の提供
ⓗ 非居住者（外国人）に対する鉱業権、産業財産権（工業所有権）、著作権などの譲渡または貸付
ⓘ ⓐ～ⓗの他、非居住者に対する役務の提供で次に掲げるもの以外のもの
　　㋑ 国内に所在する資産に係る運送または保管
　　㋺ 国内における飲食または宿泊
　　㋩ ㋑及び㋺に掲げるものと同様の取引で、国内において直接利益を受けるもの

なお、上記の他、免税店のような輸出物品販売場を経営する事業者が、外国人旅行者などの非居住者に対して、通常の生活用品等を一定の方法で販売する場合にも消費税が免除されます。

② **輸入取引をした場合**

輸入取引をした場合、外国から輸送された外国貨物の輸入許可が下りるまで保管される場所のことを「保税地域」といいます。外国から輸入された外国貨物は、保税地域から通関業務を経て国内へ引き取ら

れます。

　保税地域から外国貨物を引き取った者については、事業者であるかどうかは関係なく、納税義務者となります。たとえば一般の人が、自分用に個人輸入を行った場合であっても、消費税を納める義務が生じるということです。

　また、「保税地域から引き取られる外国貨物」は、国内で消費されるものとして消費税が課されます。ただし、以下のⓐ～ⓕについては、その性格上課税することが適当でない、または福祉や教育など社会政策的な観点により課税すべきではないという理由から、非課税の輸入取引となります。

ⓐ　有価証券等
ⓑ　郵便切手類
ⓒ　印紙
ⓓ　証紙
ⓔ　身体障害者用物品
ⓕ　教科用図書

■ **輸出と消費税**

| 輸出取引には消費税はかからない | | 国際間における二重課税を排除するため |

ポイント

免税取引は、税率0％の消費税の課税取引。0％のため、実質的に消費税はかからないが、課税売上高を計算するときは、課税売上高に含めて計算する

9 消費税法上の特例について知っておこう

国、地方公共団体等に対する特例もある

● どんな特例があるのか

　国、地方公共団体、公共・公益法人などの事業活動は、公共性が強く、営利目的の一般企業とは性質が少し異なります。たとえばその活動に法令上の様々な制約がある場合や、助成金などの資金を得て活動している場合もあります。このように国等の事業活動には特殊な面が多いことから、消費税法上もいくつかの特例が設けられています。

　国等の特例には、①資産の譲渡等の会計単位の特例、②納税義務の成立時期の特例、③申告期限の特例、④特定収入に係る仕入税額控除の特例、と大きく分けて4つあります。以下、その内容について見ていきましょう。

① 資産の譲渡等の会計単位の特例

　一般企業では、複数の業種を営む場合も会計はひとつです。つまり1つの決算書に、本業も副業も併せて表示するというわけです。一方、国や地方公共団体の会計は、その財源や事業ごとに分かれている場合があります。このような、特別に独立した会計のことを特別会計といいます。これに対して、その他の運営全般を受け持つ会計も存在します。これを一般会計といいます。

　国または地方公共団体は、前述の特別会計、一般会計ごとに一法人が行う事業とみなして消費税法の規定を適用するというのが、会計単位の特例です。

② 納税義務の成立時期の特例

　納税義務の成立時期は、原則的にはものなどの「引渡し」等を行った日です。ところが、国または地方公共団体が行った資産の譲渡等ま

たは課税仕入等の時期については、企業会計のように純粋な発生主義に基づく処理でなく、一部は現金主義的な処理が行われる場合などがあることから、その対価を収納すべきまたは支払いをすべき「会計年度の末日」に行われたものとすることができます。

国または地方公共団体に準ずる法人として税務署の承認を受けた、一定の公益、公共法人等の場合も、前述の特例と同様の取扱いとなります。

③ 申告期限の特例

国または地方公共団体の特別会計の申告書の提出期限は、課税期間終了後3月から6月までの範囲で定められています。国については課税期間終了後5か月以内、地方公共団体については課税期間終了後6か月以内、地方公共団体が経営する企業については課税期間終了後3か月内です。なお、国または地方公共団体の一般会計については、課税標準額に対する消費税額と仕入控除税額が同額であるとみなされるため、申告、納税義務はありません。

税務署から承認を受けた一定の公益、公共法人等の申告書の提出期限は、6か月以内でその承認を受けた期限内となります。

①〜③は、少し特別な事情のある法人に関する特例といえます。これに対して④の特例については、国または地方公共団体の特別会計、学校法人、社会福祉法人等の公益、公共法人等に加えて、NPO法人のような「人格のない社団等」に関しても適用される特例です。

特例の内容については、以下で見ていきましょう。

● 特定収入に係る仕入税額控除の特例とは

特定収入に係る仕入税額控除の特例とは、仕入控除税額のうち、寄付金や助成金など一定の「不課税取引」に対応した部分については控除の対象から除外するというものです。仕入税額控除とは、売上などの課税標準額に対して預かった消費税額から仕入に際して支払った消

費税額を控除することをいいます。

　なぜこのような特例が必要なのか、ボランティア活動を行うNPO法人を例に挙げて、考えてみましょう。

　ある団体が寄付金を集めて食品を購入し、災害地へ配布したとします。受け取った寄付金は「不課税取引」ですから消費税の課税対象外です。一方、購入した食品代は課税仕入であるため仕入税額控除の対象となります。寄付金以外に収入がなかったとすると、通常の計算方法の場合食品代に係る消費税相当分は還付されることになります。寄付を受け取って購入した分の税金が還付されるというのでは、課税に不公平が生じてしまいます。また、ボランティアのような事業活動の場合、次段階の取引である販売先は存在しないため、食品代に含まれる消費税は、最終消費者である当団体が負担すべきものであるともいえます。このような制度上の不都合を解消するために設けられたのが、特定収入に係る仕入税額控除の特例です。

　特例の内容としては、仕入控除税額を調整するというものです。一定の「不課税取引」による収入を「特定収入」といいます。特定収入については、後述しますが、簡単にいえば寄付金や助成金のような収入です。収入全体のうち、この特定収入が占める割合が多いと判定された場合、調整計算により仕入控除税額が減額されます。ただし、免税事業者と簡易課税制度を選択している事業者には、この特例は適用されません。

● 特定収入とは

　特定収入とは、わかりやすく言うと「課税売上」「免税売上」「非課税売上」以外の収入、つまり不課税取引による収入をいいます。

　具体例を挙げてみると、租税・補助金・交付金・寄付金・出資に対する配当金・保険金・損害賠償金・経常会費・入会金などが特定収入に該当します。

ただし、借入金（補助金等で返済される規定があるもの以外）・出資金・預貯金及び預り金・貸付回収金・返還金及び還付金、非課税仕入、人件費などに使用されることが明らかな収入の他、政令で定める一定の収入は、特定収入に該当しません。

● 特定収入がない場合の消費税はどうなるのか

特例が適用されるかどうか判定を行うために、まず「税抜課税売上」「免税売上」「非課税売上」「特定収入」の合計金額のうち「特定収入」の占める割合（「特定収入割合」）を計算します。

特定収入割合が5％以下である場合、あるいは特定収入がない場合の消費税については、通常の原則課税方式で計算します。

● 特定収入がある場合の消費税はどうなるのか

「特定収入割合」が5％超であった場合、仕入控除税額は、通常の課税仕入等の税額から特定収入を原資とする課税仕入等の税額を差し引いて調整します。

特定収入に係る課税仕入等の税額については、特定収入はすべて課税仕入を行う目的で使用したものとして、「特定収入」×7.8／110に相当する金額とします。

この特定収入についてですが、法令や交付要綱などで交付目的が明らかにされているものもありますが、中には用途が明らかにされていないものもあります。用途が明らかにされていないということは、事業者側は必ずしも課税仕入を行うために使用するとは限りませんので、収入すべてを調整対象にしてしまうと実態とは合わなくなってきます。

このような使途不特定の特定収入がある場合は、課税仕入のうち収入に応じた一定の割合（調整割合）分だけ、その使途不特定の特定収入を購入資金として課税仕入を行ったとみなして調整計算を行います。

調整割合は、「使途不特定の特定収入」／（税抜課税売上高＋非課

税売上高＋免税売上高＋使途不特定の特定収入）となります。

つまり、特定収入がある場合の仕入控除税額の計算は以下のとおりとなります。

まず特定収入を使途に応じて課税仕入を行うための特定収入と使途不特定の特定収入に分類します。分類した金額をもとに、①「課税仕入を行うための特定収入」×7.8／110と、②（通常の課税仕入等の税額－①の金額）×調整割合とをそれぞれ計算します。①・②の合計額が、特定収入がある場合の仕入控除税額となります。

● 特定収入割合や課税売上割合との関係で気をつけること

課税売上割合が95％未満で簡易課税制度を選択していない事業者の場合、仕入税額控除の計算方法は個別対応方式または一括比例配分方式となります。①個別対応方式または②一括比例配分方式が採用された場合、特定収入に係る調整金額についても課税売上割合を対応させる必要があり、計算方法は以下のようになります。

① 個別対応方式

使途が特定されている特定収入を、㋑「課税売上のためにのみ要す

■ 消費税法上の特例

特　例	国・地方公共団体 一般会計	特別会計	公共法人・公益法人等	人格のない社団等
会計単位の特例	適用	適用	－	－
納税義務の成立時期の特例	適用	適用	承認必要	－
申告期限の特例	申告義務なし	適用	承認必要	－
特定収入に対する仕入税額控除の特例	課税標準額に対する消費税額と同額とみなす	適用	適用	適用

る課税仕入に係る特定収入」、㋺「課税売上と非課税売上に共通して要する課税仕入に係る特定収入」とに分類します。

　調整金額は、㋑×7.8／110＋㋺×7.8／110×「課税売上割合」＋（「調整前の課税仕入に係る消費税額」－㋑・㋺）×「調整割合」となります。なお、調整前の課税仕入に係る消費税額とは、個別対応方式により通常通り課税仕入を分類して計算された金額です。

② 一括比例配分方式

　特定収入に係る課税仕入についても一括で課税売上割合を乗じて計算します。調整金額は、㋑課税仕入に係る特定収入×7.8／110×課税売上割合と㋺（調整前の課税仕入に係る消費税額－㋑）×調整割合との合計額となります。

　なお、調整前の課税仕入に係る消費税額とは、通常の一括比例配分方式により課税売上割合を乗じて計算した金額です。

■ 特定収入とは

不課税取引による収入
- 一定の特定収入に該当しない収入（借入金・出資金・預貯金等）
- 非課税仕入や人件費などに使用されることが明らかな収入

　→ 特定収入以外の収入

特定収入
- 課税仕入のために使用されることが明らかな収入 → 課税仕入等に対する特定収入
- その他の収入 → 使途不特定の特定収入 → 調整割合の計算

第6章

消費税の申告と申告書・届出書類の作成

消費税の申告・納付について知っておこう

直前の確定申告で中間申告の回数が決まる

● 消費税はどのように申告・納税するのか

　消費税の申告や納税方法については、確定申告と中間申告があります。以下、具体的内容について見ていきましょう。

① **確定申告**

　消費税の課税事業者になった場合は、税務署に消費税の確定申告書を提出し、申告期限までに消費税を納付しなければなりません。法人の申告期限は、課税期間終了後2か月以内です。ただし、法人税の申告期限の延長（130ページ）を行っている場合には、「消費税申告期限延長届出書」を提出することで、法人税と同様に1か月間の申告期限が延長できます。

　申告する消費税額は、課税期間中に得意先からの売上などの収入といっしょに預かった消費税の合計から、課税期間中に仕入や経費といっしょに支払った消費税の合計を差し引いて計算します。これを確定消費税額といいます。期間中に預かった税金より支払った税金の方が多い場合には、申告により差額の税金の還付を受けます。

② **中間申告**

　直前の課税期間に申告した消費税額が一定金額を超えた場合、その次の課税期間においては中間申告をしなければなりません。中間申告とは、現在の課税期間の確定消費税額を概算で見積もり、前もってその一部を申告・納付する事をいいます。

　中間申告を行う時期と回数について見ていきましょう。前課税期間の確定消費税額（地方消費税を除く）が48万円以下であれば、中間申告は不要です。前課税期間の確定消費税額が48万円超400万円以下で

あれば年1回6か月後に、400万円超4,800万円以下であれば年3回3か月ごとに、4,800万円超であれば年11回毎月、中間申告を行います。申告期限はそれぞれ6か月、3か月、1か月の「中間申告対象期間」終了後2か月以内です。

中間申告により納付した税額は、確定申告を行う際に「すでに納付した金額」として確定消費税額から差し引きます。確定消費税額の方が少ない結果となった場合には、中間申告により払い過ぎた消費税が還付されます。なお、48万円以下であれば中間申告は不要ですが、中間申告を行い、前もって一部を納税することもできます。

中間申告における納付税額の計算方法

中間申告における納付税額の計算方法については、①予定申告方式と②仮決算方式の2つの方法があります。これらの方法については、特に届出などの手続きを行わずに自由に選択することができます。

① 予定申告方式

中間申告の納付税額を、前年度の「確定消費税額」を月数按分して計算する方法です。

中間申告が年1回であれば「確定消費税額×1/2」、3回であれば「確定消費税額×1/4」、11回であれば「確定消費税額×1/12」が、それぞれ納付税額ということになります。

実際には、税務署から送付される申告用紙と納付書にあらかじめ金額が印字されているので、計算の必要はありません。

② 仮決算方式

中間申告対象期間ごとに決算処理を行い、中間申告の納付税額を計算する方法です。中間申告が年1回であれば6か月、3回であれば3か月、11回であれば1か月の期間をそれぞれ1つの課税期間とみなして、確定申告と同様の手順で納付税額の計算を行います。この方法は申告の回数が増えるので事務負担がかかりますが、予定申告による納

付税額の方が多く資金繰りが厳しい場合には、検討するメリットがあります。ただし、仮決算方式を選択した場合、確定申告を行うまでは消費税の還付を受けることはできません。また、提出期限を過ぎてから提出をすることは認められません。

● 罰則について

消費税の申告や納付を行わなかった場合、どうなるのでしょうか。

消費税の申告書の提出や納付の期限を過ぎてしまった、あるいは税額が過少であった場合、附帯税が課せられます。附帯税とは、消費税本体に加えて付加的に課せられるペナルティ的な性質の税です。この附帯税に対し、納めるべき消費税そのもののことを「本税」といいます。附帯税には、①無申告加算税、②過少申告加算税、③延滞税、④重加算税などがあります。なお、以下は国税に関する説明となりますが、地方消費税についても、国税と同様の罰則規定があります。

どうしても資金繰りが厳しく、期限内に一括納付ができない場合は、税務署と協議の上で分割納付にすることもできます。ただし、納期を延長すると、③延滞税の負担があるということも考慮に入れる必要があります。

■ 消費税の確定申告・納付

- 個人事業者 ------- 翌年の3月末日
- 法　　　人 ------- 課税期間の末日の翌日から2か月以内

消費税の中間申告・納付

直前の確定消費税	中間申告の回数	中間納付税額
48万円以下	中間申告不要	———
48万円超400万円以下	年1回	直前の確定消費税額 × $\frac{1}{2}$
400万円超4,800万円以下	年3回	直前の確定消費税額 × $\frac{1}{4}$
4,800万円超	年11回	直前の確定消費税額 × $\frac{1}{12}$

① 無申告加算税

　申告を行わなかったことに対する附帯税です。後日自主的に申告、納付を行った場合には本税×5％に相当する金額が課せられます。一方、税務調査等で指摘を受けて申告、納付した場合には、50万円以下の部分に対しては本税×15％、50万円超300万円以下の部分に対しては本税×20％、300万円超の部分に対しては本税×30％に相当する金額が課せられます。税額を計算した結果、5,000円未満となる場合、無申告加算税は免除されます。

② 過少申告加算税

　納付税額が本来納めるべき金額よりも過小であった場合に課されます。後日修正申告として自主的に申告・納付した場合と、附帯税額が5,000円未満となる場合には、課税されません。上記以外の場合、期限内に申告した本税の額と50万円と比較し、どちらか多い方の金額をボーダーラインとして税率が変わります。ボーダーラインを下回る部分については10％、上回る部分については15％が課税されます。

③ 延滞税

　申告期限より遅れた期間に対する利息のような性質の税金です。遅れた期間のうち、申告期限から2か月までについては本税×2.4％、2か月を超える期間については本税×8.7％が、日数に応じて課税されます。ただし合計で1,000円未満の場合は、免除されます。

　なお、この税率は令和4年1月1日から令和6年12月31日までのものです。税率に変更があれば、随時国税庁ホームページで発表されます。

④ 重加算税

　消費税の申告に関して、仮装、隠ぺいの事実があった場合など、悪質であると判断された場合に、過少申告加算税や無申告加算税の代わりに課税される附帯税です。

　期限内申告の場合、過少申告加算税に代えて本税×35％、期限後申告の場合、無申告加算税に代えて本税×40％が課税されます。

第6章　消費税の申告と申告書・届出書類の作成

申告書の作成の仕方

原則課税か簡易課税かにより申告書の様式が異なる

◉ 原則課税方式と簡易課税方式がある

　消費税の計算は、原則課税方式（184ページ）と簡易課税方式（199ページ）があります。それぞれ計算の方法が異なるため、国税庁で公表されている消費税申告書の様式（フォーマット）も原則課税方式と簡易課税方式とで分かれています。

　課税事業者は、申告書に記載されるべき各数値が網羅して集計ができるように、会計システム（会計帳簿）や消費税の計算システムから集計できる情報と、追加して集計や作成が必要な情報を、システムの機能の実情に応じて検討し、決算や税務申告にあたってあらかじめ準備をしておく必要があります。

◉ 申告書以外に付表が必要

　申告書には、その課税期間に対して発生した消費税の額や、中間納付額を控除した後の納付すべき消費税額などが簡潔に要約された形で記載されます。しかし、税率ごとの消費税の集計結果や、課税売上割合や仕入控除税額の計算過程などを明確にしておく必要があるために、申告書の記載内容の内訳情報や補足情報としての「付表」も作成して申告書に添付する必要があります。ここでは、付表も含めた原則課税方式と簡易課税方式の申告書の主な構成を説明します。

① **原則課税方式による申告書の構成**
　原則課税方式による申告書の構成は次のとおりです。なお、ここでは消費税が標準税率10％と軽減税率8％の取引がある場合のみを想定します。

・第一表、第二表（230～231ページ）
・付表1-3（232ページ）
・付表2-3（233ページ）

・**第一表、第二表**
　申告書に該当します。
　第一表は、納付すべき消費税の金額が要約されます。付表から基本的に転記されますが、付表には記載されずに第一表でしか記載されない項目として、中間納付税額、中間納付税額控除後の納付すべき消費税の合計額、基準期間の課税売上高などがあります。
　第二表は、課税標準額とそれに対する消費税が税率区分ごとに記載されます。第一表とは異なり、第二表独自に記載される項目はなく、付表から転記して作成されます。

・**付表1-3**
　付表1-3は標準税率10％と軽減税率8％の課税標準額とこれに対応する消費税額、仕入に対する消費税額、中間納付額控除前の納付すべき消費税などが記載されます。なお、付表1-1及び1-2は、令和元年9月30日以前の旧税率（5％、8％）の取引がある場合の付表のため、ここでは省略しています。

・**付表2-3**
　付表2-3は標準税率10％と軽減税率8％の課税売上割合と仕入控除税額の計算過程などが記載されます。なお、付表2-1及び2-2は上記付表1と同様に旧税率（5％、8％）の取引がある場合に使用しますので省略しています。
　なお、支払った消費税が預かった消費税よりも多くなった場合には、その超過部分の消費税の還付を受けることができます。その場合には、「消費税の還付申告に関する明細書」も合わせて作成する必要があります。この明細書には、還付申告となった主な理由、課税売上等に関

する事項（主要な取引先や取引金額等）や、課税仕入れ等に関する事項（仕入金額等の明細、主な棚卸資産・原材料等や固定資産の取得等）を記載します。

② 簡易課税方式による申告書の構成

簡易課税方式による申告書の構成は次のとおりです。
・第一表、第二表（242～243ページ）
・付表4－3（244ページ）
・付表5－3（245ページ）

・第一表、第二表

申告書に該当しますが、上記①の第一表及び第二表と記載内容は大きく異なりません。ただし、①とは異なり簡易課税特有の事業区分（第1種、第2種…）ごとの課税売上高などが記載されます。

・付表4－3

上記①の付表1－3と記載内容は大きく異なりません。これ以外にも付表4－1及び4－2の2種類がある位置付けも①と同様です。

・付表5－3

付表5－3は標準税率10％と軽減税率8％の仕入控除税額の計算過程などが記載されます。また、事業区分ごとの課税売上高や、みなし仕入率を掛けた仕入税額の計算過程などの簡易課税方式特有の内容も記載されます。

これ以外に付表が5－1及び5－2の2種類がある位置付けも①と同様です。

なお、簡易課税方式の場合には、原則課税方式とは異なり、消費税の還付請求をすることができません。

消費税の申告書を作成する（原則課税方式）

課税売上高５億円以下で課税売上割合が95％以上の場合

● 具体例で書式作成について考えてみる

　ここでは、原則課税方式を適用し、消費税を割戻し計算で行うものとします。割戻し計算では、金額の計算過程で生じた１円未満の端数はその都度切り捨てます。また、課税売上高が５億円以下で、かつ課税売上割合が95％以上の課税事業者が申告書を作成する場合について説明します。この場合には、支払った消費税（仕入税額）は預かった消費税から全額控除することができます。

　なお、数値例は国税庁で公表されている「法人用　消費税及び地方消費税の申告書（一般用）の書き方（令和５年11月）」（書式１　230～233ページ）に基づいています。

● 消費税計算の手順

手順１　課税標準額の計算

　課税標準額は、課税資産の譲渡等の対価の額である課税売上高（免税売上高を除く）に特定課税仕入れを加えた額になります。しかし、この数値例では特定課税仕入れに対する消費税が発生しないため、「課税売上高」と「課税標準額」は同額となります。なお、申告書の課税売上高は税抜で記載します。また、税抜計算の方法は、割戻し計算を行う場合には課税売上高の税込価格の合計額を税率で割戻して一括的に計算します。

　売上返品等を売上高から直接減額する経理処理を行っている場合は、減額後の金額に基づいて課税売上高を計算します。

　また、課税売上高は、損益計算書の売上高だけでなく、営業外収益、

特別利益、そして固定資産などの売却収入にも含まれています。どの部分に課税売上高が含まれているかは、会計帳簿を会計ソフトで作成している場合には、通常、消費税の集計表も出力ができるようになっているため、そこで確認することができます。この集計表は、課税取引とそれ以外の取引や、消費税との関係を勘定科目ごとに一覧で示したものです。会計帳簿には、インボイスなどの1書類単位で発生した消費税に基づいて課税売上高及び消費税を記帳することになるため、会計帳簿で集計された課税売上高合計と、前述した税込の課税売上高

■ 原則課税　その1の数値例

（課税売上高が5億円以下で、かつ課税売上割合が95％以上の場合）

	軽減税率8% (消費税6.24%＋ 地方消費税1.76%)	標準税率10% (消費税7.8%＋ 地方消費税2.2%)	合　計
1．課税売上高（税込）	203,878,000	135,400,000	339,278,000
2．免税売上高			11,000,000
3．非課税売上高			7,000,000
4．売上返品等（税込）	4,521,120	4,400,000	8,921,120
5．インボイス発行事業者からの課税仕入れ（税込）（※1）	98,628,000	72,730,000	171,358,000
6．令和5年10月以降のインボイス発行事業者以外からの課税仕入れ（税込）（※2）	21,600,000	22,000,000	43,600,000
7．上記5に対する仕入返品等（税込）	6,410,000	3,700,000	10,110,000
8．上記6に対する仕入返品等（税込）	2,160,000	2,200,000	4,360,000
9．貸倒処理額（税込）	0	1,230,000	1,230,000
10．中間納付消費税額			5,460,300
11．中間納付地方消費税			1,540,000

※1　インボイス導入前の令和5年9月までの課税仕入れもこの中に含まれます。
※2　193ページ記載の経過措置（仕入税額の80％まで控除が可能とします）が適用されます。

合計から一括的に割戻して計算した税抜の課税売上高とは端数分一致しません。しかし、このような消費税の集計表と確認しながら申告書を作成すると、消費税の重大な集計漏れなどの防止に役立ちます。

数値例による課税標準額は次のとおりになり、それぞれを付表1－3①及び①－1に記入します。なお、課税標準額は最終的に千円未満を切り捨てます。

軽減税率分：203,878,000 × 100/108 ＝ 188,775,925（188,775,000）
標準税率分：135,400,000 × 100/110 ＝ 123,090,909（123,090,000）
合計　　　　　　　　　　　　　　　　311,866,834（311,865,000）
　※（　　　）は千円未満切捨て後

手順2　売上に対する消費税額の計算

手順1 で計算した課税標準額に、税率区分ごとの消費税率（国税の税率）を掛けて消費税額を計算します。ここでの消費税額は国税部分のみであり、地方消費税部分は 手順7 で計算します。消費税額は、付表1－3②に記入します。

軽減税率分：188,775,000 × 6.24％ ＝ 11,779,560
標準税率分：123,090,000 ×　7.8％ ＝ 　9,601,020
合計　　　　　　　　　　　　　　　　21,380,580

手順3　課税売上割合の計算

課税売上割合は次の算式となります。

> 課税売上割合＝課税売上高（免税売上高含む）÷（課税売上高（免税売上高含む）＋非課税売上高）

・課税売上高の計算

　課税売上高は税抜で計算し、売上返品等は控除し、また免税売上高を含めます。**手順1**で計算した課税資産の譲渡等の対価の額及び売上返品等を加味すると、課税売上高は次のとおりになります。各々を付表2－3①②④に記入します。

軽減税率分：203,878,000×100/108－4,521,120×100/108＝184,589,703	
標準税率分：135,400,000×100/110－4,400,000×100/110＝119,090,909	
合計1	303,680,612
免税売上高：	11,000,000
合計2	314,680,612

・課税売上割合の計算

　課税売上高314,680,612÷（課税売上高314,680,612＋非課税売上高7,000,000）＝314,680,612÷321,680,612＝97.823…％　≧95％

　各々の数値を付表2－3⑤～⑧に記入します。

手順4　控除対象仕入税額の計算

　仕入先に対して支払った消費税を計算します。

・インボイス発行事業者からの課税仕入れ

（仕入金額の計算）

　課税仕入れ合計額から仕入返品等を控除した後の金額を税込で付表2－3⑨に記入します。

軽減税率分：98,628,000　－　6,410,000　＝　92,218,000	
標準税率分：72,730,000　－　3,700,000　＝　69,030,000	
合計	161,248,000

（仕入に対する消費税額の計算）

仕入金額と仕入返品等をそれぞれ税抜計算してから差し引き、各々の金額を付表2－3⑩に記入します。

軽減税率分：98,628,000×6.24/108－6,410,000×6.24/108＝5,328,151
標準税率分：72,730,000× 7.8/110－3,700,000× 7.8/110＝4,894,855
合計　　　　　　　　　　　　　　　　　　　　　　　10,223,006

・インボイス発行事業者以外からの課税仕入れ

（仕入金額の計算）

上記「インボイス業者事業者以外からの課税仕入れ」と同様に、課税仕入れ合計額から仕入返品等を控除した後の金額を税込で付表2－3⑪に記入します。

軽減税率分：21,600,000－2,160,000＝19,440,000
標準税率分：22,000,000－2,200,000＝19,800,000
合計　　　　　　　　　　39,240,000

（仕入に対する消費税額の計算）

まず、仕入金額と仕入返品等をそれぞれ税抜計算してから差し引きます。

軽減税率分：21,600,000×6.24/108－2,160,000×6.24/108＝1,123,200
標準税率分：22,000,000× 7.8/110－2,200,000× 7.8/110＝1,404,000

次に、インボイス発行事業者以外からの課税仕入れの場合は、上記の金額がそのまま仕入に対する消費税額にはならずに、193ページの経過措置が適用され、令和5年10月1日から令和8年9月30日までの

第6章　消費税の申告と申告書・届出書類の作成

取引では80％までしか消費税としてカウントされません。したがって、80％計算後の消費税額の計算は次のとおりになり、これらを付表２－３⑫に記入します。

軽減税率分：1,123,200×80％＝ 898,560
標準税率分：1,404,000×80％＝1,123,200
合計　　　　　　　　　　　2,021,760

　課税仕入れ（インボイス発行事業者からの課税仕入れとインボイス発行事業者以外からの課税仕入れ）は、損益計算書などと関わらせると、棚卸資産の当期購入額（当期商品仕入高）の他に、販売費及び一般管理費、営業外費用、特別損失、固定資産などの当期購入額に含まれています。また、会計帳簿で集計された課税仕入れと、申告書で計算する課税仕入れとでは、通常、消費税の端数分の差が生じるのも課税売上高の場合と同様です。ただし、課税仕入れの場合には、申告書の構成上、税抜の課税仕入れの金額は記入せず、税込の課税仕入れ額を記入して、そこから課税仕入れに対する消費税額を記入するようになっています。

・**仕入れに対する消費税額の合計**
　以上より、インボイス発行事業者からの課税仕入れに対する消費税とインボイス発行事業者以外からの課税仕入れに対する消費税を合計すると次のとおりになり、これらを付表２－３⑰に記入します。
　また、本数値例では、課税売上高が５億円以下で、かつ課税売上割合が95％以上になるため、付表２－３⑱、さらに付表２－３㉖にも同額を記入します。

軽減税率分：5,328,151 ＋ 898,560 ＝ 6,226,711
標準税率分：4,894,855 ＋ 1,123,200 ＝ 6,018,055
合計　　　　　　　　　　　12,244,766

・参考：個別対応方式または一括比例配分方式の場合の消費税計算

　仮に、課税期間中の課税売上高が5億円超または課税売上割合が95％未満の場合は、次の「個別対応方式」または「一括比例配分方式」（188ページ）が適用され、それに基づいた記入が必要になります。

(1) 個別対応方式の場合

　課税仕入れ等の税額のうち課税売上にのみ要するものを付表2－3⑲欄に、課税売上と非課税売上に共通して要するものを付表2－3⑳欄に記載し、計算式（⑲＋⑳×課税売上割合）に従って計算した金額を同㉑欄に記載します。

(2) 一括比例配分方式の場合

　課税仕入れ等の税額の合計額である付表2－3⑰に課税売上割合を掛けた金額を同㉒欄に記載します。一括比例配分方式は、課税仕入れ等の税額を課税売上のみに要するものや、課税売上と非課税売上に共通して要するものなどに分ける必要がない分、個別対応方式よりも計算が簡便ですが、2期継続して適用しないと個別対応方式に変更することができません。

手順5　その他の控除税額の計算

　数値例では売上返品等、及び貸倒れがありますので、それぞれの控除税額を計算します。

（売上返品等）
軽減税率分：4,521,120 × 6.24/108 ＝ 261,220
標準税率分：4,400,000 × 7.8/110 ＝ 312,000
合計　　　　　　　　　　　573,220

第6章　消費税の申告と申告書・届出書類の作成　227

（貸倒れ）
軽減税率分：なし
標準税率分：1,230,000 × 7.8/110 ＝ 87,218

手順6　申告書に控除税額及び差引税額を記入する
a）控除税額の記入

手順4 及び 手順5 により、すべての控除税額が算定されたため、付表1－3④には付表2－3㉖の金額を記入し、付表1－3⑤、⑤－1及び⑥には、手順5 の金額を記入し、さらにこれら④～⑥の合計額を⑦に記入します。

（控除税額）
軽減税率分：6,226,711 ＋ 261,220　　　　　＝ 6,487,931
標準税率分：6,018,055 ＋ 312,000 ＋ 87,218 ＝ 6,417,273
合計　　　　　　　　　　　　　　　　　　　12,905,204

b）差引税額の記入

手順2 で記入された付表1－3②から、付表1－3⑦を控除した差引税額8,475,300（百円未満切捨て）を付表1－3⑨に記入します。

（差引税額）
21,380,580 － 12,905,204 ＝ 8,475,376（8,475,300）
　※百円未満切捨て

手順7　地方消費税の計算

付表1－3⑨と同額の8,475,300を付表1－3⑪に転記します。

また、この⑪に基づいて地方消費税2,390,400（百円未満切捨て）を付表1－3⑬に記入します。

8,475,300 × 22/78 ＝ 2,390,469（2,390,400）
　※百円未満切捨て

手順8　第二表への転記

次の各数値を、付表1－3から第二表へ転記します。

	転記元	転記先（第二表）
課税標準額	付表1－3①のC	①
税率ごとの課税資産の譲渡等の対価の額の合計額	付表1－3①－1のABC	⑤⑥⑦
税率ごとの消費税額	付表1－3②のABC	⑪⑮⑯
売上返品等	付表1－3⑤及び⑤－1のC	⑰⑱
税率ごとの地方消費税の課税標準となる消費税額	付表1－3⑪のC	⑳㉓

手順9　第一表の作成（納付税額の計算）

第一表の①課税標準額、②消費税額、④控除対象仕入税額、⑤返還等対価に係る税額（売上返品等）、⑥貸倒れに係る税額（貸倒れ）、⑦控除税額小計（控除税額）は、付表1－3のC列の①②④⑤⑥⑦から転記します。⑨差引税額は、付表1－3のC列の⑨から転記します。⑩中間納付税額5,460,300を記入して、⑨8,475,300から控除した3,015,000を⑪納付税額に記入します。

⑮課税資産の譲渡等の対価の額（課税売上高）及び⑯資産の譲渡等の対価の額（課税売上高＋非課税売上高）は、付表2－3の合計値であるC列の④及び⑦から転記します。

⑱地方消費税の課税標準となる消費税額（差引税額）は、付表1－3C列の⑪から転記します。

⑳譲渡割額（地方消費税の納税額）は、付表1－3C列の⑬から転記します。

中間納付譲渡割額1,540,000を記入し、⑳2,390,400から控除した850,400を㉒納付譲渡割額に記入します。

最後に、⑪に㉒を加えた未払いの消費税及び地方消費税合計税額3,865,400を㉖に記入します。また、「参考事項」の基準期間の課税売上高350,000千円を記入します。

書式1　消費税申告書（原則課税方式）

第3-(1)号様式

GK0306

令和6年5月27日

税務署長殿

納税地　東京都××区○○1-2-3
（電話番号　03-××××-××××）

（フリガナ）××カブシキガイシャ
法人名　××株式会社

法人番号　○○○○○○○○○○○○○

（フリガナ）×× タロウ
代表者氏名　×× 太郎

自 令和 5年 4月 1日
至 令和 6年 3月31日
課税期間分の消費税及び地方消費税の（　　）申告書

（個人の方）振替継続希望

法人用　第一表

令和五年十月一日以後終了課税期間分（一般用）

この申告書による消費税の税額の計算

課税標準額 ①	311,865,000
消費税額 ②	21,380,580
控除過大調整税額 ③	
控除対象仕入税額 ④	12,244,766
返還等対価に係る税額 ⑤	573,220
貸倒れに係る税額 ⑥	87,218
控除税額小計(④+⑤+⑥) ⑦	12,905,204
控除不足還付税額(⑦-②-③) ⑧	
差引税額(②+③-⑦) ⑨	8,475,300
中間納付税額 ⑩	5,460,300
納付税額(⑨-⑩) ⑪	3,015,000
中間納付還付税額(⑩-⑨) ⑫	0
この申告書が修正申告である場合 既確定税額 ⑬	
差引納付税額 ⑭	0
課税売上割合 課税資産の譲渡等の対価の額 ⑮	314,680,612
資産の譲渡等の対価の額 ⑯	321,680,612

付記事項
- 割賦基準の適用　有○/無○　31
- 延払基準等の適用　有○/無○　32
- 工事進行基準の適用　有○/無○　33
- 現金主義会計の適用　有○/無○　34
- 課税標準額に対する消費税額の計算の特例の適用　有○/無○　35

参考事項
- 控除税額の計算方法：課税売上高5億円超又は課税売上割合95%未満　個別対応方式／一括比例配分方式
- 上記以外　全額控除　○　41
- 基準期間の課税売上高　350,000 千円

税額控除に係る経過措置の適用（2割特例）　42

この申告書による地方消費税の税額の計算

地方消費税の課税標準となる消費税額 控除不足還付税額 ⑰	
差引税額 ⑱	8,475,300
譲渡割額 還付額 ⑲	
納税額 ⑳	2,390,400
中間納付譲渡割額 ㉑	1,540,000
納付譲渡割額(⑳-㉑) ㉒	850,400
中間納付還付譲渡割額(㉑-⑳) ㉓	0
この申告書が修正申告である場合 既確定譲渡割額 ㉔	
差引納付譲渡割額 ㉕	0
消費税及び地方消費税の合計(納付又は還付)税額 ㉖	3,865,400

銀行　本店・支店
金庫・組合　出張所
農協・漁協　本所・支所
預金　口座番号

ゆうちょ銀行の貯金記号番号
郵便局名等

（個人の方）公金受取口座の利用

※税務署整理欄

税理士署名
（電話番号）

税理士法第30条の書面提出有
税理士法第33条の2の書面提出有

230

第3-(2)号様式

課税標準額等の内訳書

GK0602

納税地	東京都××区○○1-2-3
	（電話番号 03-XXXX-XXXX）
(フリガナ)	××カブシキガイシャ
法人名	××株式会社
(フリガナ)	×× タロウ
代表者氏名	×× 太郎

整理番号 □□□□□□□□

改正法附則による税額の特例計算
軽減売上割合(10営業日) ○ 附則38① 51
小売等軽減仕入割合 ○ 附則38② 52

法人用
第二表

自 令和 5 年 4 月 1 日
至 令和 6 年 3 月 31 日

課税期間分の消費税及び地方消費税の（　　）申告書

中間申告 自 令和 □□年□□月□□日
の場合の
対象期間 至 令和 □□年□□月□□日

令和四年四月一日以後終了課税期間分

課税標準額 ※申告書(第一表)の①欄へ		①	3118650000	01
課税資産の譲渡等の対価の額の合計額	3 %適用分	②		02
	4 %適用分	③		03
	6.3 %適用分	④		04
	6.24%適用分	⑤	1887759 25	05
	7.8 %適用分	⑥	1230909 09	06
	(②～⑥の合計)	⑦	3118668 34	07
特定課税仕入れに係る支払対価の額の合計額 (注1)	6.3 %適用分	⑧		11
	7.8 %適用分	⑨		12
	(⑧・⑨の合計)	⑩		13

消費税額 ※申告書(第一表)の②欄へ		⑪	213805 80	21
⑪の内訳	3 %適用分	⑫		22
	4 %適用分	⑬		23
	6.3 %適用分	⑭		24
	6.24%適用分	⑮	117795 60	25
	7.8 %適用分	⑯	96010 20	26

返還等対価に係る税額 ※申告書(第一表)の⑤欄へ		⑰	57322 0	31
⑰の内訳	売上げの返還等対価に係る税額	⑱	57322 0	32
	特定課税仕入れの返還等対価に係る税額 (注1)	⑲		33

地方消費税の課税標準となる消費税額 (注2)	(㉑～㉓の合計)	⑳	847530 0	41
	4 %適用分	㉑		42
	6.3 %適用分	㉒		43
	6.24%及び7.8%適用分	㉓	847530 0	44

第6章 消費税の申告と申告書・届出書類の作成　231

第4-(9)号様式

付表1-3 税率別消費税額計算表兼地方消費税の課税標準となる消費税額計算表

一般

| 課税期間 | 令和5・4・1 ~ 令和6・3・31 | 氏名又は名称 | ××株式会社 |

区分		税率6.24%適用分 A	税率7.8%適用分 B	合計 C (A+B)
課税標準額 ①		188,775,000 円	123,090,000 円	311,865,000 円 ※第二表の①欄へ
①の内訳	課税資産の譲渡等の対価の額 ①-1	188,775,925 ※第二表の⑤欄へ	123,090,909 ※第二表の⑥欄へ	311,866,834 ※第二表の⑦欄へ
	特定課税仕入れに係る支払対価の額 ①-2	※①・2欄は、課税売上割合が95%未満、かつ、特定課税仕入れがある事業者のみ記載する。	※第二表の⑧欄へ	※第二表の⑨欄へ
消費税額 ②		11,779,560 ※第二表の⑩欄へ	9,601,020 ※第二表の⑪欄へ	21,380,580 ※第二表の⑫欄へ
控除過大調整税額 ③		(付表2-3の㉒・㉓A欄の合計金額)	(付表2-3の㉒・㉓B欄の合計金額)	※第一表の③欄へ
控除税額	控除対象仕入税額 ④	6,226,711 (付表2-3の㉔A欄の金額)	6,018,055 (付表2-3の㉔B欄の金額)	12,244,766 ※第一表の④欄へ
	返還等対価に係る税額 ⑤	261,220	312,000	573,220 ※第二表の⑰欄へ
⑤の内訳	売上げの返還等対価に係る税額 ⑤-1	261,220	312,000	573,220 ※第二表の⑱欄へ
	特定課税仕入れの返還等対価に係る税額 ⑤-2	※①・2欄は、課税売上割合が95%未満、かつ、特定課税仕入れがある事業者のみ記載する。		※第二表の⑲欄へ
	貸倒れに係る税額 ⑥		87,218	87,218 ※第一表の⑥欄へ
	控除税額小計 (④+⑤+⑥) ⑦	6,487,931	6,417,273	12,905,204 ※第一表の⑦欄へ
控除不足還付税額 (⑦-②-③) ⑧				※第一表の⑧欄へ
差引税額 (②+③-⑦) ⑨				8,475,300 ※第一表の⑨欄へ
地方消費税の課税標準となる消費税額	控除不足還付税額 ⑩ (⑧)			※第一表の⑰欄へ ※マイナス「-」を付して第二表の㉑及び㉓欄へ
	差引税額 ⑪ (⑨)			8,475,300 ※第一表の⑱欄へ ※第二表の㉒及び㉓欄へ
譲渡割額	還付額 ⑫			(⑩C欄×22/78) ※第一表の⑲欄へ
	納税額 ⑬			2,390,400 (⑪C欄×22/78) ※第一表の⑳欄へ

注意 金額の計算においては、1円未満の端数を切り捨てる。

第4-(10)号様式

付表2-3 課税売上割合・控除対象仕入税額等の計算表　　　　　　　　　　　一般

| 課税期間 | 令和5・4・1～令和6・3・31 | 氏名又は名称 | ××株式会社 |

項目		税率6.24％適用分 A	税率7.8％適用分 B	合計 C (A+B)
課税売上額（税抜き）	①	184,589,703	119,090,909	303,680,612
免税売上額	②			11,000,000
非課税資産の輸出等の金額、海外支店等へ移送した資産の価額	③			
課税資産の譲渡等の対価の額（①+②+③）	④			314,680,612
課税資産の譲渡等の対価の額（④の金額）	⑤			314,680,612
非課税売上額	⑥			7,000,000
資産の譲渡等の対価の額（⑤+⑥）	⑦			321,680,612
課税売上割合（④／⑦）	⑧			[97 ％]
課税仕入れに係る支払対価の額（税込み）	⑨	92,218,000	69,030,000	161,248,000
課税仕入れに係る消費税額	⑩	5,328,151	4,894,855	10,223,006
適格請求書発行事業者以外の者から行った課税仕入れに係る経過措置の適用を受ける課税仕入れに係る支払対価の額（税込み）	⑪	19,440,000	19,800,000	39,240,000
適格請求書発行事業者以外の者から行った課税仕入れに係る経過措置により課税仕入れに係る消費税額とみなされる額	⑫	898,560	1,123,200	2,021,760
特定課税仕入れに係る支払対価の額	⑬			
特定課税仕入れに係る消費税額	⑭			
課税貨物に係る消費税額	⑮			
納税義務の免除を受けない（受ける）こととなった場合における消費税額の調整（加算又は減算）額	⑯			
課税仕入れ等の税額の合計額（⑩+⑫+⑭+⑮±⑯）	⑰	6,226,711	6,018,055	12,244,766
課税売上高が5億円以下、かつ、課税売上割合が95％以上の場合（⑰の金額）	⑱	6,226,711	6,018,055	12,244,766
課税売上高5億円超又は課税売上割合95%未満の場合	個別対応方式	⑰のうち、課税売上げにのみ要するもの	⑲			
		⑰のうち、課税売上げと非課税売上げに共通して要するもの	⑳			
		個別対応方式により控除する課税仕入れ等の税額〔⑲+(⑳×④／⑦)〕	㉑			
	一括比例配分方式により控除する課税仕入れ等の税額（⑰×④／⑦）	㉒			
控除税額の調整	課税売上割合変動時の調整対象固定資産に係る消費税額の調整（加算又は減算）額	㉓			
	調整対象固定資産を課税業務用（非課税業務用）に転用した場合の調整（加算又は減算）額	㉔			
	居住用賃貸建物を課税賃貸用に供した（譲渡した）場合の加算額	㉕			
控除対象仕入税額〔(⑱、㉑又は㉒の金額)±㉓+㉔+㉕〕がプラスの時	㉖	6,226,711	6,018,055	12,244,766
控除過大調整税額〔(⑱、㉑又は㉒の金額)±㉓+㉔+㉕〕がマイナスの時	㉗			
貸倒回収に係る消費税額	㉘			

第6章　消費税の申告と申告書・届出書類の作成　　233

消費税の申告書を作成する（簡易課税方式）

みなし仕入率の特例を適用する場合

● 具体例で書式作成について考えてみる

　ここでは、簡易課税方式を適用し、事業は第2種事業（小売業等）と第4種事業（飲食店業等）の2事業があり、みなし仕入率の特例によって課税事業者が申告書を作成する場合について説明します。

　なお、数値例は国税庁で公表されている「法人用 消費税及び地方消費税の申告書（簡易課税用）の書き方（令和5年11月）」（書式2 242～246ページ）に基づいています。

● 消費税計算の手順

手順1　課税標準額の計算

　課税標準額の計算方法は原則課税方式と同様です。数値例による課税標準額は、それぞれを付表4-3①及び①-1に記入します。

軽減税率分：19,192,000×100/108＝ 17,770,370（17,770,000）
標準税率分：11,516,000×100/110＝ 10,469,090（10,469,000）
合計　　　　　　　　　　　　　　　28,239,460（28,239,000）
　※（　　　）は千円未満切捨て後

手順2　売上に対する消費税額の計算

　原則課税方式と同様に、千円未満切捨て後の課税標準額に、税率区分ごとの消費税率を掛けて消費税額を計算します。

軽減税率分：17,770,000 × 6.24% = 1,108,848
標準税率分：10,469,000 × 7.8% = 816,582
合計 　　　　　　　　　　　　1,925,430

上記の消費税額は、付表4－3②に記入します。

手順3　控除対象仕入額の計算
a）～d）に基づいて計算します。
a）基礎金額の記入
簡易課税方式の控除対象仕入税額を計算するために必要となる、売上に対する消費税額、貸倒れ回収に対する消費税額及び売上返品等に対する消費税額を次のとおり記入（転記）します。

付表4－3の②売上に対する消費税額を付表5－3の①に転記します。

■ 簡易課税方式の数値例

	軽減税率8% （消費税6.24%＋ 地方消費税1.76%）	標準税率10% （消費税7.8%＋ 地方消費税2.2%）	合　計
1. 課税売上高（税込）	19,192,000	11,516,000	30,708,000
うち第2種事業	19,192,000	7,712,000	26,904,000
うち第4種事業	0	3,804,000	3,804,000
2. 免税売上高			1,100,000
3. 非課税売上高			0
4. 売上返品等（税込）	1,250,000	756,000	2,006,000
うち第2種事業	1,250,000	456,000	1,706,000
うち第4種事業	0	300,000	300,000
5. 貸倒処理額（税込）	0	560,000	560,000

売上返品等に対する消費税は、後述する 手順4 （239ページ）に基づき付表4－3の⑤から付表5－3の③に転記します。以上により、付表5－3の①から③を控除した額を④に記入します。

（④への記入額）

軽減税率分：1,108,848－72,222＝1,036,626

標準税率分： 816,582－53,607＝ 762,975

合計　　　　　　　　　　　　　1,799,601

b）事業区分別の課税売上高の記入

第2種事業と第4種事業の税率ごとの課税売上高（税抜）及び売上割合を記入します。

・全事業

（売上）

軽減税率分：19,192,000×100/108－1,250,000×100/108＝16,612,963

標準税率分：11,516,000×100/110－ 756,000×100/110＝ 9,781,818

合計　　　　　　　　　　　　　　　　　　　　　　　　26,394,781

全事業の売上について、付表5－3⑥に記入します。

・第2種事業

（売上）

軽減税率分：19,192,000×100/108－1,250,000×100/108＝16,612,963

標準税率分： 7,712,000×100/110－ 456,000×100/110＝ 6,596,364

合計　　　　　　　　　　　　　　　　　　　　　　　　23,209,327

（売上割合）

23,209,327÷26,394,781＝87.931…％ ≧75％

第2種事業の売上及び売上割合について、付表5－3⑧に記入します。

・**第4種事業**

（売上）

軽減税率分：なし

標準税率分：3,804,000×100/110 − 300,000×100/110 = 3,185,454

（売上割合）

3,185,454÷26,394,781 = 12.068…% ＜75%

第4種事業の売上及び売上割合について、付表5−3⑩に記入します。

c）事業区分別の課税売上高に対する消費税額の記入

第2種事業と第4種事業の税率ごとの消費税額を記入します。

・**第2種事業**

軽減税率分：19,192,000×6.24/108 − 1,250,000×6.24/108 = 1,036,649

標準税率分：　7,712,000× 7.8/110 − 　456,000× 7.8/110 = 　514,516

合計　　　　　　　　　　　　　　　　　　　　　　　　1,551,165

第2種事業の消費税額は、付表5−3⑮に記入します。

・**第4種事業**

軽減税率分：なし

標準税率分：3,804,000×7.8/110 − 300,000×7.8/110 = 248,466

第4種事業の消費税額は、付表5−3⑰に記入します。

・**全事業**

軽減税率分：第2種事業 1,036,649

標準税率分：第2種事業　514,516 + 第4種事業 248,466 = 762,982

合計　　　　　　　　　　　　　　　　　　　　　　　　1,799,631

全事業の消費税額は、付表5－3⑬に記入します。

 d）みなし仕入率及び控除対象仕入税額の計算
　みなし仕入率を原則的な計算と特例（簡便法）の計算（200～201ページ）によりそれぞれ算定します。
㈑　原則的な計算
　控除対象仕入税額は次の算式で計算します。

> 控除対象仕入税額＝仕入に対する消費税×みなし仕入率（※）
>
> ※みなし仕入率＝（第2種事業の売上に対する消費税×80％＋第4種事業の売上に対する消費税×60％）÷全事業の売上に対する消費税

　軽減税率分：1,036,626×（1,036,649×80％＋0×60％）÷1,036,649＝829,300
　標準税率分：762,975×（514,516×80％＋248,466×60％）÷762,982＝560,685
　合計　　　　　　　　　　　　　　　　　　　　　　　　　1,389,985

　付表5－3⑳に記入します。

㈹　特例の計算（1種類の事業で売上割合が75％以上）
　第2種事業の売上割合は87.9％で、1種類の事業のみで75％以上あるため、第2種事業のみなし仕入率80％を全体に適用できます。
　軽減税率分：1,036,626×80％＝829,300
　標準税率分：　762,975×80％＝610,380
　合計　　　　　　　　　1,439,680

　付表5－3㉑に記入します。

㈻　特例の計算（2種類の事業で売上割合が75％以上）
　第2種事業と第4種事業を合わせた売上割合は100％で75％以上にな

るため、みなし仕入率の高い方（第2種事業）はその事業（第2種事業）のみなし仕入率（80％）を適用し、それ以外（第4種事業）の課税売上高は、その2事業のうち低い方（第4種事業）のみなし仕入率（60％）を適用できます。ただし、数値例は事業が2種類しかなく、計算結果はイと同じになるため、付表5－3㉘に⑳と同額を記入します。

㈡　有利選択と控除対象仕入税額の確定
　上記イロハのうち、一番金額が大きいロ1,439,680を控除対象仕入税額とします。そこで、付表5－3㉑と同額を次の箇所にも記入します。
　・付表5－3の㊲
　・付表4－3の④

手順4　その他の控除税額の計算
　売上返品等、及び貸倒れがありますので、それぞれの控除税額を計算します。
（売上返品等）
軽減税率分：1,250,000×6.24/108＝72,222
標準税率分：　756,000×　7.8/110＝53,607
合計　　　　　　　　　　　　　　125,829

　上記数値を付表4－3⑤に記入します。
（貸倒れ）
軽減税率分：なし
標準税率分：560,000×7.8/110＝39,709
　上記数値を付表4－3⑥に記入します。

手順5　申告書に控除税額及び差引税額等を記入する
　原則課税方式の場合と計算方法は特に変わりません。

a）控除税額の記入

　手順3 及び 手順4 により、すべての控除税額が算定されたため、付表4－3の④～⑥の各合計額を⑦に記入します。

（控除税額）
軽減税率分：829,300＋72,222＝　　　　901,522
標準税率分：610,380＋53,607＋39,709＝703,696
合計　　　　　　　　　　　　　　　1,605,218

b）差引税額の記入

　手順2 で記入された付表4－3の②から、上記付表4－3⑦を控除した差引税額320,200（百円未満切捨て）を付表4－3⑨に記入します。

（差引税額）
1,925,430－1,605,218＝ 320,212（320,200）

　　※百円未満切捨て

手順6　地方消費税の計算

原則課税方式の場合と計算方法は特に変わりません。

付表4－3⑨と同額の320,200を付表4－3⑪に転記します。

また、この⑪に基づいて地方消費税90,300（百円未満切捨て）を付表4－3⑬に記入します。

320,200×22/78＝ 90,312（90,300）

　　※百円未満切捨て

手順7　第二表への転記

原則課税方式の場合と転記の仕方は特に変わりません。

次の各数値を、付表4－3から第二表へ転記します。

	転記元	転記先（第二表）
課税標準額	付表4-3①のC	①
税率ごとの課税資産の譲渡等の対価の額の合計額	付表4-3①-1のC	⑤⑥⑦
税率ごとの消費税額	付表4-3②のC	⑪⑮⑯
売上返品等	付表4-3⑤のC	⑰⑱
税率ごとの地方消費税の課税標準となる消費税額	付表4-3⑪のC	⑳㉓

手順8　第一表の作成（納付税額の計算）

　第一表の①課税標準額、②消費税額、④控除対象仕入税額、⑤返還等対価に係る税額（売上返品等）、⑥貸倒れに係る税額（貸倒れ）、⑦控除税額小計（控除税額）は、付表4-3のC列の①②④⑤⑥⑦から転記します。⑨差引税額は、付表4-3のC列の⑨から転記します。また、この数値例では中間納付税額がないため、⑪にも⑨と同額を記入します。

　⑮この期間の課税売上高は、付表5-3のC列の⑥26,394,781に免税売上高1,100,000を加えた27,494,781を記入します。基準期間の課税売上高30,000,000は⑯に記入します。また、「参考事項」に第2種と第4種の課税売上高（千円単位）及び売上割合を、付表5-3のC列の⑧及び⑩から転記します。

　⑱地方消費税の課税標準となる消費税額（差引税額）は、付表4-3のC列の⑪から転記します。⑳譲渡割額（地方消費税の納税額）は、付表4-3のC列の⑬から転記します。また、この数値例では中間納付譲渡割額がないため、㉒納付譲渡割額にも⑳と同額を記入します。

　最後に、⑪に㉒を加えた未払いの消費税及び地方消費税合計税額410,500を㉖を記入します。

書式2 消費税申告書（簡易課税方式）

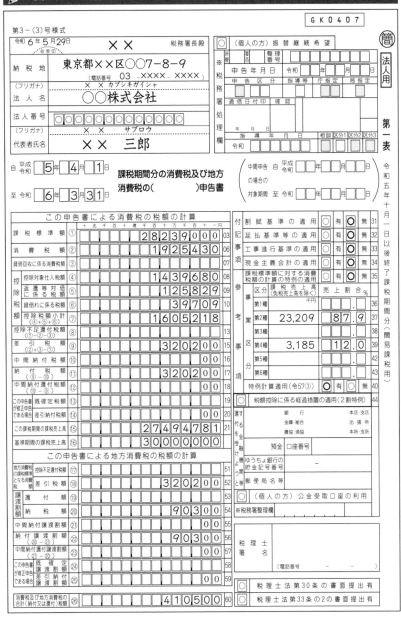

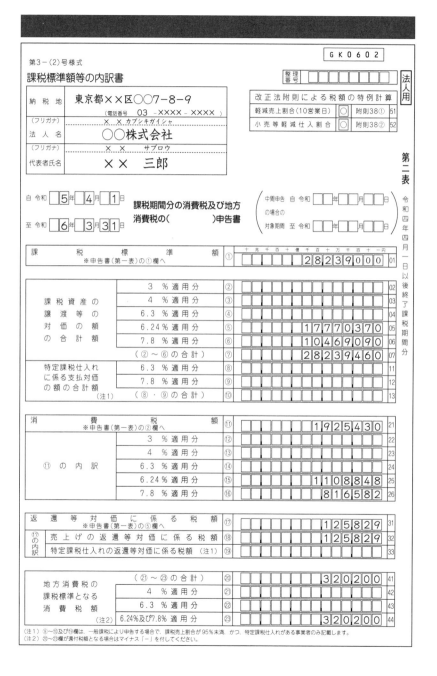

第4-(11)号様式

付表4-3 税率別消費税額計算表 兼 地方消費税の課税標準となる消費税額計算表

簡易

| 課税期間 | 令和5・4・1～令和6・3・31 | 氏名又は名称 | ○○株式会社 |

区　分			税率 6.24 % 適用分 A	税率 7.8 % 適用分 B	合　計　C (A+B)
課税標準額		①	17,770,000 円	10,469,000 円	28,239,000 円
課税資産の譲渡等の対価の額		①-1	17,770,370	10,469,090	28,239,460
消費税額		②	1,108,848	816,582	1,925,430
貸倒回収に係る消費税額		③			
控除税額	控除対象仕入税額	④	829,300	610,380	1,439,680
	返還等対価に係る税額	⑤	72,222	53,607	125,829
	貸倒れに係る税額	⑥		39,709	39,709
	控除税額小計 (④+⑤+⑥)	⑦	901,522	703,696	1,605,218
控除不足還付税額 (⑦-②-③)		⑧			
差引税額 (②+③-⑦)		⑨			320,200
地方消費税の課税標準となる消費税額	控除不足還付税額 (⑧)	⑩			
	差引税額 (⑨)	⑪			320,200
譲渡割額	還付額	⑫			
	納税額	⑬			90,300

注意　金額の計算においては、1円未満の端数を切り捨てる。

第4-(12)号様式

付表5-3　控除対象仕入税額等の計算表　　　　簡易

| 課税期間 | 令和5・4・1～令和6・3・31 | 氏名又は名称 | ○○株式会社 |

I　控除対象仕入税額の計算の基礎となる消費税額

項　目		税率6.24%適用分 A	税率7.8%適用分 B	合計 C (A+B)
課税標準額に対する消費税額	①	1,108,848	816,582	1,925,430
貸倒回収に係る消費税額	②			
売上対価の返還等に係る消費税額	③	72,222	53,607	125,829
控除対象仕入税額の計算の基礎となる消費税額（①＋②－③）	④	1,036,626	762,975	1,799,601

II　1種類の事業の専業者の場合の控除対象仕入税額

項　目		税率6.24%適用分 A	税率7.8%適用分 B	合計 C (A+B)
④　×　みなし仕入率 (90%・80%・70%・60%・50%・40%)	⑤			

III　2種類以上の事業を営む事業者の場合の控除対象仕入税額
(1) 事業区分別の課税売上高（税抜き）の明細

項　目		税率6.24%適用分 A	税率7.8%適用分 B	合計 C (A+B)	売上割合
事業区分別の合計額	⑥	16,612,963	9,781,818	26,394,781	%
第一種事業（卸売業）	⑦				
第二種事業（小売業等）	⑧	16,612,963	6,596,364	23,209,327	87.9
第三種事業（製造業等）	⑨				
第四種事業（その他）	⑩		3,185,454	3,185,454	12.0
第五種事業（サービス業等）	⑪				
第六種事業（不動産業）	⑫				

(2) (1)の事業区分別の課税売上高に係る消費税額の明細

項　目		税率6.24%適用分 A	税率7.8%適用分 B	合計 C (A+B)
事業区分別の合計額	⑬	1,036,649	762,982	1,799,631
第一種事業（卸売業）	⑭			
第二種事業（小売業等）	⑮	1,036,649	514,516	1,551,165
第三種事業（製造業等）	⑯			
第四種事業（その他）	⑰		248,466	248,466
第五種事業（サービス業等）	⑱			
第六種事業（不動産業）	⑲			

注意　1　金額の計算においては、1円未満の端数を切り捨てる。
　　　2　課税売上げにつき返品を受け又は値引き・割戻しをした金額（売上対価の返還等の金額）があり、売上（収入）金額から減算しない方法で経理して経費に含めている場合には、⑥から⑫欄には売上対価の返還等の金額（税抜き）を控除した後の金額を記載する。

(3) 控除対象仕入税額の計算式区分の明細
イ 原則計算を適用する場合

控除対象仕入税額の計算式区分		税率6.24%適用分 A	税率7.8%適用分 B	合計 C (A+B)
④ × みなし仕入率 (⑭×90%+⑮×80%+⑯×70%+⑰×60%+⑱×50%+⑲×40%) / ⑬	⑳	829,300 円	560,685 円	1,389,985 円

ロ 特例計算を適用する場合
(イ) 1種類の事業で75%以上

控除対象仕入税額の計算式区分		税率6.24%適用分 A	税率7.8%適用分 B	合計 C (A+B)
(⑦C/⑥C・⑧C/⑥C・⑨C/⑥C・⑩C/⑥C・⑪C/⑥C・⑫C/⑥C) ≧ 75% ④ × みなし仕入率 (90%・80%・70%・60%・50%・40%)	㉑	829,300 円	610,380 円	1,439,680 円

(ロ) 2種類の事業で75%以上

控除対象仕入税額の計算式区分			税率6.24%適用分 A	税率7.8%適用分 B	合計 C (A+B)
第一種事業及び第二種事業 (⑦C+⑧C)/⑥C ≧ 75%	④ × (⑭×90%+(⑬−⑭)×80%) / ⑬	㉒			
第一種事業及び第三種事業 (⑦C+⑨C)/⑥C ≧ 75%	④ × (⑭×90%+(⑬−⑭)×70%) / ⑬	㉓			
第一種事業及び第四種事業 (⑦C+⑩C)/⑥C ≧ 75%	④ × (⑭×90%+(⑬−⑭)×60%) / ⑬	㉔			
第一種事業及び第五種事業 (⑦C+⑪C)/⑥C ≧ 75%	④ × (⑭×90%+(⑬−⑭)×50%) / ⑬	㉕			
第一種事業及び第六種事業 (⑦C+⑫C)/⑥C ≧ 75%	④ × (⑭×90%+(⑬−⑭)×40%) / ⑬	㉖			
第二種事業及び第三種事業 (⑧C+⑨C)/⑥C ≧ 75%	④ × (⑮×80%+(⑬−⑮)×70%) / ⑬	㉗			
第二種事業及び第四種事業 (⑧C+⑩C)/⑥C ≧ 75%	④ × (⑮×80%+(⑬−⑮)×60%) / ⑬	㉘	829,300	560,685	1,389,985
第二種事業及び第五種事業 (⑧C+⑪C)/⑥C ≧ 75%	④ × (⑮×80%+(⑬−⑮)×50%) / ⑬	㉙			
第二種事業及び第六種事業 (⑧C+⑫C)/⑥C ≧ 75%	④ × (⑮×80%+(⑬−⑮)×40%) / ⑬	㉚			
第三種事業及び第四種事業 (⑨C+⑩C)/⑥C ≧ 75%	④ × (⑯×70%+(⑬−⑯)×60%) / ⑬	㉛			
第三種事業及び第五種事業 (⑨C+⑪C)/⑥C ≧ 75%	④ × (⑯×70%+(⑬−⑯)×50%) / ⑬	㉜			
第三種事業及び第六種事業 (⑨C+⑫C)/⑥C ≧ 75%	④ × (⑯×70%+(⑬−⑯)×40%) / ⑬	㉝			
第四種事業及び第五種事業 (⑩C+⑪C)/⑥C ≧ 75%	④ × (⑰×60%+(⑬−⑰)×50%) / ⑬	㉞			
第四種事業及び第六種事業 (⑩C+⑫C)/⑥C ≧ 75%	④ × (⑰×60%+(⑬−⑰)×40%) / ⑬	㉟			
第五種事業及び第六種事業 (⑪C+⑫C)/⑥C ≧ 75%	④ × (⑱×50%+(⑬−⑱)×40%) / ⑬	㊱			

ハ 上記の計算式区分から選択した控除対象仕入税額

項目		税率6.24%適用分 A	税率7.8%適用分 B	合計 C (A+B)
選択可能な計算式区分 (⑳〜㊱) の内から選択した金額	㊲	※付表4-3の①A欄へ 829,300 円	※付表4-3の①B欄へ 610,380 円	※付表4-3の①C欄へ 1,439,680 円

注意 金額の計算においては、1円未満の端数を切り捨てる。

5 消費税の各種届出書

それぞれの書き方のポイントをおさえる

● 主な各種届け出

　事業者は、消費税法に定められている各種の届出等の要件に該当する事実が発生した場合や、承認または許可を受ける必要が生じた場合には、提出期限までに届出書を作成の上、納税地を所轄する税務署長に持参または送付する必要があります。手数料は不要です。どの届出書も、提出した履歴を残すために控えを含めて2部作成し、1部は文書収受印を受けて保管しておきます。なお、個人事業者が提出する場合には、控えの方には個人番号（マイナンバー）の記載を省略するなどの対応が必要です。ここでは、届出、承認及び許可が必要とされているニーズの高い書類を見ていきましょう。

書式3　消費税課税事業者届出書（基準期間用）

① 提出が必要になるとき、提出期限

　基準期間における課税売上高が1,000万円を超えた場合に提出する必要があります。基準期間の翌々事業年度（個人の場合は翌々年）から課税事業者となります。課税売上高が1,000万円を超えた場合に、その事業年度（個人の場合はその年）終了後速やかに提出する必要があります。

② 留意事項

　相続、合併または分割等があったことにより課税事業者となる場合には、「相続・合併・分割等があったことにより課税事業者となる場合の付表」を添付する必要があります。また、基準期間が1年に満たない法人の場合は、その事業年度の課税売上高を年換算して1,000万円を超えたかどうかを判断します。具体的には、その期間中の課税資

産の譲渡等の対価の額の合計額をその期間の月数で割って、これを12倍した金額が1,000万円を超えたかどうかが判断の基準となります。個人の場合は、年の途中で事業を開始した場合でも年換算は行いません。

書式4　消費税課税事業者届出書（特定期間用）
① **提出が必要になるとき、提出期限**

基準期間における課税売上高が1,000万円以下である事業者が、特定期間における課税売上高が1,000万円を超えた場合に提出する必要があります。なお、課税売上高に代えて給与等支払額の合計額により判定することもできるため、実務上は課税売上高または給与等支払額の合計額が1,000万円を超えた場合に提出が必要となります。

特定期間を含む事業年度（個人の場合は年）の翌事業年度（個人の場合は翌年）から課税事業者となります。

課税売上高が1,000万円を超えた場合に、その事業年度（個人の場合は6月）終了後速やかに提出する必要があります。

② **留意事項**

相続、合併または分割等があった場合において、特定期間における課税売上高（または給与等支払額の合計額）による納税義務の有無の判定を行う必要はありません。

書式5　消費税簡易課税制度選択届出書

簡易課税制度を選択しようとする場合に提出する必要があります。

簡易課税制度の適用を受けようとする課税期間の初日の前日まで（事業を開始した日の属する課税期間である場合には、その課税期間中）に提出する必要があります。ただし、高額特定資産の仕入れ等をした場合には、この届出書を提出できない場合があります。

書式6　消費税課税事業者選択届出書
① **提出が必要になるとき、提出期限**

免税事業者が課税事業者になることを選択する場合に提出する必要があります。提出期限ですが、新規開業した事業者等は、その開業し

た課税期間の末日までに、それ以外の事業者等は、課税事業者としての対象とする課税期間の初日の前日までに提出する必要があります。

その他、インボイス発行事業者になるためには「適格請求書発行事業者の登録申請書」を提出する必要があります（197～198ページ）。

② 留意事項

新規開業でない場合には、この届出書の提出期限が課税期間の初日の前日、つまり前事業年度末（個人の場合は前年末）までであるため、その課税期間中に消費税の還付が見込まれ、かつ還付を受けたい場合には、あらかじめ前事業年度末（個人の場合は前年末）までに提出する必要があります。

書式7　消費税の新設法人に該当する旨の届出書

① 提出が必要になるとき、提出期限

消費税の新設法人（基準期間がない事業年度の開始の日における資本金の額または出資の金額が1,000万円以上である法人）に該当することとなった場合に提出する必要があります。ただし、法人設立届出書に消費税の新設法人に該当する旨及び所定の記載事項を記載して提出した場合には、この届出書の提出は不要です。提出期限ですが、消費税の新設法人に該当することとなった場合に速やかに提出する必要があります。

② 留意事項

消費税の新設法人に該当する法人については、基準期間の課税売上高を計算できる課税期間（一般的には、設立第3期目）からは、原則として基準期間の課税売上高により納税義務の有無を判定することになります。したがって、この届出書を提出した場合でも、設立第3期目以降において課税事業者となる場合または課税事業者となることを選択しようとする場合には、改めて「消費税課税事業者届出書（基準期間用）」（書式3）もしくは「消費税課税事業者届出書（特定期間用）」（書式4）または「消費税課税事業者選択届出書」（書式6）を

提出する必要があります。

　ただし、基準期間のない課税期間（簡易課税制度の適用を受けている課税期間を除く）において調整対象固定資産の課税仕入れ等を行った場合には、その課税仕入れ等の日の属する課税期間の初日から３年を経過する日の属する課税期間までの各課税期間については納税義務の免除の規定の適用はありません。この場合、この間は一般課税（原則課税方式）による申告を行うことになります。

■ 消費税の各種届出書のまとめ

書式	届出書の名称	提出が必要なとき
書式３	消費税課税事業者届出書（基準期間用）	基準期間の課税売上高が1,000万円超
書式４	消費税課税事業者届出書（特定期間用）	特定期間の課税売上高または給与等支払額合計が1,000万円超
書式５	消費税簡易課税制度選択届出書	簡易課税制度を適用する場合
書式６	消費税課税事業者選択届出書	免税事業者が自ら進んで課税事業者になる場合
書式７	消費税の新設法人に該当する旨の届出書	基準期間がない事業年度の期首の資本金等の額が1,000万円以上の法人

書式3　消費税課税事業者届出書（基準期間用）

第3-(1)号様式

基準期間用

消費税課税事業者届出書

収受印

令和6年7月5日

届出者	（フリガナ）納税地	トウキョウトシナガワク○○ （〒141-××××） 東京都品川区○○1-23-4 （電話番号　03-××××-××××）
	（フリガナ）住所又は居所（法人の場合）本店又は主たる事務所の所在地	（〒　-　） 同上 （電話番号　-　-　）
	（フリガナ）名称（屋号）	コメショクヒンカブシキガイシャ コメ食品株式会社
	個人番号又は法人番号	↓個人番号の記載に当たっては、左端を空欄とし、ここから記載してください。 ○○○○○○○○○○○○
	（フリガナ）氏名（法人の場合）代表者氏名	ヨネヤマ　ハナコ 米山　華子
	（フリガナ）（法人の場合）代表者住所	トウキョウトシブヤク○○ 東京都渋谷区○○2-34-5 （電話番号　03-××××-××××）

品川 税務署長殿

下記のとおり、基準期間における課税売上高が1,000万円を超えることとなったので、消費税法第57条第1項第1号の規定により届出します。

適用開始課税期間	自 令和 6 年 7 月 1 日	至 令和 7 年 6 月 30 日	
上記期間の基準期間	自 令和 4 年 7 月 1 日 至 令和 5 年 6 月 30 日	左記期間の総売上高	14,872,543 円
		左記期間の課税売上高	12,567,380 円

事業内容等	生年月日（個人）又は設立年月日（法人）	1明治・2大正・3昭和・④平成・5令和 25年 7月 11日	法人のみ記載	事業年度	自 7月1日 至 6月30日
				資本金	3,000,000 円
	事業内容	食品製造業		届出区分	相続・合併・分割等・その他

参考事項		税理士署名押印	印 （電話番号　-　-　）

※税務署処理欄	整理番号		部門番号			
	届出年月日	年 月 日	入力処理	年 月 日	台帳整理	年 月 日
	番号確認		身元確認 □済 □未済	確認書類 個人番号カード／通知カード・運転免許証 その他		

注意　1．裏面の記載要領等に留意の上、記載してください。
　　　2．税務署処理欄は、記載しないでください。

第6章　消費税の申告と申告書・届出書類の作成　251

書式4 消費税課税事業者届出書（特定期間用）

第3-(2)号様式

消費税課税事業者届出書

特定期間用

令和6年5月10日

品川 税務署長殿

届出者：
- 納税地（フリガナ）トウキョウトシナガワク○○
  〒141-××××
  東京都品川区○○1-3-1
  （電話番号 03-××××-××××）
- 住所又は居所（法人の場合）本店又は主たる事務所の所在地：同上
- 名称（屋号）（フリガナ）コメショウジカブシキガイシャ
  コメ商事株式会社
- 個人番号又は法人番号：○○○○○○○○○○○○○
- 氏名（法人の場合代表者氏名）（フリガナ）ヨネダ タロウ
  米田 太郎
- 代表者住所（フリガナ）トウキョウトシブヤク○○
  東京都渋谷区○○2-34-5
  （電話番号 03-××××-××××）

下記のとおり、特定期間における課税売上高が1,000万円を超えることとなったので、消費税法第57条第1項第1号の規定により届出します。

適用開始課税期間	自 令和 6 年 8 月 1 日　至 令和 7 年 7 月 31 日		
上記期間の特定期間	自 令和 5 年 8 月 1 日 至 令和 6 年 1 月 31 日	左記期間の総売上高	13,789,520 円
		左記期間の課税売上高	12,134,087 円
		左記期間の給与等支払額	10,953,210 円

事業内容等：
- 生年月日（個人）又は設立年月日（法人）：1明治・2大正・3昭和・④平成・5令和　27年 2月 6日
- 法人のみ記載：事業年度 自8月1日 至7月31日　資本金 5,000,000円
- 事業内容：食品卸売業

参考事項：

税理士署名押印：（電話番号 - - ）印

※税務署処理欄
- 整理番号／部門番号
- 届出年月日 年 月 日／入力処理 年 月 日／台帳整理 年 月 日
- 番号確認／身元確認 □済 □未済／確認書類 個人番号カード／通知カード・運転免許証 その他（ ）

注意　1. 裏面の記載要領等に留意の上、記載してください。
　　　2. 税務署処理欄は、記載しないでください。

収受印

252

書式5　消費税簡易課税制度選択届出書

第9号様式

消費税簡易課税制度選択届出書

収受印

令和 6 年 9 月 12 日

届出者
納税地
（フリガナ）トウキョウトシナガワク○○
（〒141-××××）
東京都品川区○○2-3-2
（電話番号 03-××××-××××）

（フリガナ）ミドリカワゴウドウガイシャ　ゴウドウ ユキオ
氏名又は名称及び代表者氏名
緑川合同会社　合同　幸男
※個人の方は個人番号の記載は不要です。

法人番号 ○○○○○○○○○○○○○

品川 税務署長殿

下記のとおり、消費税法第37条第1項に規定する簡易課税制度の適用を受けたいので、届出します。

□ 所得税法等の一部を改正する法律（平成28年法律第15号）附則第51条の2第6項の規定又は消費税法施行令等の一部を改正する政令（平成30年政令第135号）附則第18条の規定により消費税法第37条第1項に規定する簡易課税制度の適用を受けたいので、届出します。

① 適用開始課税期間　自 令和 5 年 10 月 1 日　至 令和 6 年 9 月 30 日

② ①の基準期間　自 令和 3 年 10 月 1 日　至 令和 4 年 9 月 30 日

③ ②の課税売上高　36,578,951 円

事業内容等　（事業の内容）観葉植物の販売　（事業区分）第 2 種事業

提出要件の確認

次のイ、ロ、ハ又はニの場合に該当する
（「はい」の場合のみ、イ、ロ、ハ又はニの項目を記載してください。）
はい □　いいえ ✓

イ 消費税法第9条第4項の規定により課税事業者を選択している場合
課税事業者となった日
課税事業者となった日から2年を経過する日までの間に開始した各課税期間中に調整対象固定資産の課税仕入れ等を行っていない
はい □

ロ 消費税法第12条の2第1項に規定する「新設法人」又は同法第12条の3第1項に規定する「特定新規設立法人」に該当する（該当していた）場合
設立年月日　令和 年 月 日
基準期間がない事業年度に含まれる各課税期間中に調整対象固定資産の課税仕入れ等を行っていない
はい □

ハ 消費税法第12条の4第1項に規定する「高額特定資産の仕入れ等」を行っている場合（同条第2項の規定の適用を受ける場合）

※ 仕入れ等を行った資産が高額特定資産に該当する場合はAの欄を、自己建設高額特定資産に該当する場合は、Bの欄をそれぞれ記載してください。

A　仕入れ等を行った課税期間の初日　令和 年 月 日
この届出による①の「適用開始課税期間」は、高額特定資産の仕入れ等を行った課税期間の初日から、同日以後3年を経過する日の属する課税期間までの各課税期間に該当しない
はい □

B　仕入れ等を行った課税期間の初日　平成 年 月 日
建設等が完了した課税期間の初日　令和 年 月 日
この届出による①の「適用開始課税期間」は、自己建設高額特定資産の建設等に要した仕入れ等に係る支払対価の額の累計額が1千万円以上となった課税期間の初日から、自己建設高額特定資産の建設等が完了した課税期間の初日以後3年を経過する日の属する課税期間までの各課税期間に該当しない
はい □

※ 消費税法第12条の4第2項の規定による場合は、ハの項目を裏面の記載要領等に留意の上、記載してください。

ニ 消費税法第12条の4第3項に規定する「金地金等の仕入れ等」を行っている場合
「金地金等の仕入れ等」の合計額（税抜金額）が2百万円以上となった課税期間の初日　令和 年 月 日
この届出による①の「適用開始課税期間」は、金地金等の仕入れ等を行い、その仕入れ等の合計額（税抜金額）が2百万円以上となった課税期間の初日から、同日以後3年を経過する日の属する課税期間までの各課税期間に該当しない
はい □

※ この届出書を提出した課税期間が、上記イ、ロ又はハに記載の各課税期間である場合、この届出書提出後、届出を行った課税期間中に調整対象固定資産の課税仕入れ等又は高額特定資産の仕入れ等を行うと、原則としてこの届出書の提出はなかったものとみなされます。なお、この届出書を提出した課税期間が、上記ニに記載の各課税期間である場合、この届出書提出後、届出を行った課税期間における金地金等の仕入れ等の金額の合計額（税抜金額）が2百万円以上となった場合も同様となります。詳しくは、裏面をご確認ください。

参考事項

税理士署名　（電話番号　－　－　）

※税務署処理欄
整理番号　　部門番号
届出年月日　年 月 日　入力処理 年 月 日　台帳整理 年 月 日
通信日付印　年 月 日　確認　番号確認

注意　1.　裏面の記載要領等に留意の上、記載してください。
　　　2.　税務署処理欄は、記載しないでください。

第6章　消費税の申告と申告書・届出書類の作成

書式6 消費税課税事業者選択届出書

第1号様式

消費税課税事業者選択届出書

収受印

令和 6 年 9 月 10 日

届出者

（フリガナ）トウキョウトシナガワク○○
納税地 （〒141-××××）
東京都品川区○○3-2-1
（電話番号 03-××××-××××）

（フリガナ）
住所又は居所
（法人の場合）
本店又は
主たる事務所
の所在地
（〒　-　）
同上
（電話番号　-　-　）

（フリガナ）シンリンサンギョウ カブシキガイシャ
名称（屋号） 森林産業株式会社

個人番号又は法人番号 ↓個人番号の記載に当たっては、左端を空欄とし、ここから記載してください。
○○○○○○○○○○○○○

（フリガナ）ハヤシ シロウ
氏名
（法人の場合）
代表者氏名
林 四郎

（フリガナ）トウキョウトシブヤク○○
（法人の場合）
代表者住所
東京都渋谷区○○5-4-3
（電話番号 03-××××-××××）

品川 税務署長殿

下記のとおり、納税義務の免除の規定の適用を受けないことについて、消費税法第9条第4項の規定により届出します。

適用開始課税期間	自 令和 7 年 1 月 1 日	至 令和 7 年 12 月 31 日

| 上記期間の基準期間 | 自 令和 5 年 1 月 1 日 | 左記期間の総売上高 | 9,657,620 円 |
| | 至 令和 5 年 12 月 31 日 | 左記期間の課税売上高 | 9,632,230 円 |

事業内容等	生年月日（個人）又は設立年月日（法人）	1明治・2大正・3昭和・④平成・5令和 28年 5月17日	法人のみ記載	事業年度	自 1 月 1 日 至 12 月 31 日
				資本金	3,000,000 円
	事業内容	木材加工業		届出区分	事業開始・設立・相続・合併・分割・特別会計・⑦その他

| 参考事項 | | 税理士署名押印 | 印 |
| | | （電話番号　-　-　） | |

※税務署処理欄

整理番号		部門番号	
届出年月日	年 月 日	入力処理	年 月 日	台帳整理	年 月 日
通信日付印 年 月 日	確認印	番号確認	身元確認 □済 □未済	確認書類	個人番号カード／通知カード・運転免許証 その他

注意 1．裏面の記載要領等に留意の上、記載してください。
2．税務署処理欄は、記載しないでください。

254

書式7　消費税の新設法人に該当する旨の届出書

第10-(2)号様式

消費税の新設法人に該当する旨の届出書

収受印

令和 6 年 8 月 7 日

届出者

（フリガナ）		トウキョウトシナガワク○○
納　税　地		（〒141-××××）東京都品川区○○8-5-2（電話番号　03-××××-××××）
（フリガナ）		
本店又は主たる事務所の所在地		（〒　－　）同　上（電話番号　－　－　）
（フリガナ）		レイワコウギョウカブシキガイシャ
名　　称		令和工業 株式会社
法人番号		○○○○○○○○○○○○○
（フリガナ）		ショウワ　タロウ
代表者氏名		昭和 太郎
（フリガナ）		トウキョウトシブヤク○○
代表者住所		東京都渋谷区○○2-10-3（電話番号　03-××××-××××）

品川 税務署長殿

下記のとおり、消費税法第12条の2第1項の規定による新設法人に該当することとなったので、消費税法第57条第2項の規定により届出します。

消費税の新設法人に該当することとなった事業年度開始の日	令和 6 年 7 月 12 日
上記の日における資本金の額又は出資の金額	20,000,000円

事業内容等	設立年月日	平成／令和 6 年 7 月 12 日
	事業年度	自 4 月 1 日　至 3 月 31 日
	事業内容	

参考事項	「消費税課税期間特例選択・変更届出書」の提出の有無【有（　・　・　）・無】
税理士署名	（電話番号　－　－　）

※税務署処理欄	整理番号		部門番号		番号確認	
	届出年月日	年　月　日	入力処理	年　月　日	台帳整理	年　月　日

注意　1．裏面の記載要領等に留意の上、記載してください。
　　　2．税務署処理欄は、記載しないでください。

第6章　消費税の申告と申告書・届出書類の作成　255

【監修者紹介】
武田　守（たけだ　まもる）
1974年生まれ。東京都出身。公認会計士・税理士。
慶應義塾大学卒業後、中央青山監査法人、太陽有限責任監査法人、上場会社勤務等を経て、武田守公認会計士・税理士事務所を開設。
監査法人では金融商品取引法監査、会社法監査の他、株式上場準備会社向けのIPOコンサルティング業務、上場会社等では税金計算・申告実務に従事。
会社の決算業務の流れを、監査などの会社外部の視点と、会社組織としての会社内部の視点という２つの側面から経験しているため、財務会計や税務に関する専門的なアドバイスだけでなく、これらを取り巻く決算体制の構築や経営管理のための実務に有用なサービスを提供している。
著作として『株式上場準備の実務』（中央経済社、共著）、『入門図解 会社の終わらせ方・譲り方【解散清算・事業承継・Ｍ＆Ａ】の法律と手続き実践マニュアル』『図解で早わかり 会計の基本と実務』『個人開業・青色申告の基本と手続き 実践マニュアル』『図解で早わかり 会社の税金』『事業再編・Ｍ＆Ａ【合併・会社分割・事業譲渡】の法律と手続き』『すぐに役立つ 相続登記・相続税・事業承継の法律と書式』『身内が亡くなったときの届出と法律手続き』『すぐに役立つ 空き家をめぐる法律と税金』『図解で早わかり 税金の基本と実務』『入門図解 電子帳簿保存法対応 経理の基本と実務マニュアル』『入門図解 法人税のしくみと法人税申告書の書き方』『小さな事業者【個人事業主・小規模企業】のための法律と税金 実務マニュアル』（小社刊）などがある。

事業者必携
入門図解
法人税・消費税のしくみと申告書の書き方

2024年9月20日　第1刷発行

監修者	武田守（たけだ まもる）
発行者	前田俊秀
発行所	株式会社三修社
	〒150-0001　東京都渋谷区神宮前2-2-22
	TEL　03-3405-4511　FAX　03-3405-4522
	振替　00190-9-72758
	https://www.sanshusha.co.jp
印刷所	萩原印刷株式会社
製本所	牧製本印刷株式会社

©2024 M. Takeda Printed in Japan
ISBN978-4-384-04947-3 C2032

JCOPY〈出版者著作権管理機構 委託出版物〉
本書の無断複製は著作権法上での例外を除き禁じられています。複製される場合は、そのつど事前に、出版者著作権管理機構（電話 03-5244-5088　FAX 03-5244-5089　e-mail: info@jcopy.or.jp）の許諾を得てください。